ビギナーズ・クラシックス　中国の古典

大学・中庸

矢羽野隆男

角川文庫
19626

はじめに

学ぶことは誰にとっても大切なことです。とくに現代では「生涯学習」という言葉もあるように、一生つづく営みです。でも、我々が学ぶのは一体何のためでしょうか。学ぶ大切さはわかりますが、「何のために」と問われると、答えに困るのではないでしょうか。

学校で学んでいる方なら、「よい成績を取るため」「めざす学校に入るため」「希望の職業に就《つ》くため」といった目的を挙げるかもしれませんね。これらは真剣に向き合うべき立派な目的です。けれども、何のためによい成績を取り、めざす学校に入り、希望の職業に就くのか、とさらにその先の目的を考えるとどうでしょう。

学びは学校の中だけのものではなく生涯にわたるものです。「何のために学ぶのか」という問いは、長い時間幅をとって考えていくと、「何のために生きるのか」という問いに近づいてきます。これは難しい問題ですね。簡単に答えが出せないはずです。

このような人間の本質にかかわる問題には読書、特に古典を読むことが大きな助けになります。古典は単に「古い書物」ではありません。先人が魂を込めて生み出し、長い年月にわたって人々を支えてきた人類の智慧《ちえ》です。それは時間や空間を超えて読む者に力を与えてくれます。古典は決して古いものではなく、読む者がそこから新たな価値を汲み出す智慧の泉です。

『大学《だいがく》』『中庸《ちゅうよう》』は、人は何のために生き、何のために学ぶのか、という問題について儒教《じゅきょう》が出した一つの答えです。たとえば『中庸』に「誠《まこと》は、天《てん》の道《みち》なり。之《これ》を誠《まこと》にするは、人《ひと》の道《みち》なり」という有名な言葉があります。生まれもった善《ぜん》なる性質（誠）を自覚してそれを存分に発揮するよう努めるのが人の道だと説くものです。すなわち自己実現のための生きかた・学びです。

『大学』『中庸』は、『論語《ろんご》』『孟子《もうし》』とともに朱子学《しゅしがく》（儒教の一学派）の経典《けいてん》として、中国のみならず東アジアで広く読まれ、日本でも江戸時代以降は学ぶ者の必読書でした。ですから日本のことわざのようになっている言葉もあります。先の「誠は、天の道なり……」のほか、「隠《かく》れたるより見《あら》わるるは莫《な》く、微《かす》かなるより顕《あき》らかなるは莫《な》し」「遠《とお》きに行《ゆ》くに必《かなら》ず邇《ちか》きよりし、高《たか》きに登《のぼ》るに必《かなら》ず卑《ひく》きよりす」（以上『中庸』）、「小人間居《しょうじんかんきょ》して不善《ふぜん》を為《な》す」「心焉《こころここ》に在《あ》らざれば、視《み》れども見《み》えず」「心誠《こころまこと》に之《これ》を求《もと》むれば、中《あた》らずと雖《いえど》も遠《とお》からず」（以上『大学』）などが挙げられます。中国の古典ながら日本の古典でもあるのです。

現在、国語や漢文の教科書に『大学』『中庸』の文章が取り上げられることはほとんどありません。東アジア共通の古典としては残念なことです。手に取ってくださったこの小さな本が『大学』『中庸』そして古典の世界への道案内になればと願っています。

平成二十七年十二月二十八日

矢羽野隆男

目次

中　庸

『大学』『中庸』解説

一、四書五経と『大学』『中庸』

『大学《だいがく》』と『中庸《ちゅうよう》』とは、ともに儒教《じゅきょう》の大切な考え方を凝縮した、言わば儒教概論です。あえて区別すれば『大学』は政治学、『中庸』は道徳学の書といえるでしょう。

『大学』は学問の目的・方法を簡潔に示し、学問の究極の目的として世界を平和にする政治を説きます。ただし、『大学』は「修己治人《しゅうこちじん》（己《おのれ》を修《おさ》め人《ひと》を治《おさ》める）」の教えといわれるように、政治の前提に自己を修める道徳を置きます。いっぽう『中庸』は、「中庸」という実践道徳の基礎に天と人とを貫く「誠《まこと》」を説きますが、その誠が世界を調和させる根本だといいます。つまり『大学』の政治学はその前提に個人の道徳を説き、中庸の道徳学はその展開として政治を説くのです。ここには徳治《とくち》（道徳にもとづく政治）を理想とする儒教の特色がよく表れています。

ところで、「四書五経《ししょごきょう》」という言葉をご存じですか。儒教の経典《けいてん》をまとめてこう呼びますが、「四書」と「五経」とは由来が異なります。「四書」とは、南宋《なんそう》の朱熹《しゅき》（一一三〇～一二〇〇）が選んだ四つの基本経典で、『論語《ろんご》』『孟子《もうし》』そして『大学』『中庸』を指します。朱熹とは「子《し》」という尊称をつけて「朱子《しゅし》」と呼ばれる大学者です。そう、朱子学《しゅしがく》の朱子です。朱子学とは、唐《とう》の儒教の復興運動を先駆《さきが》けとし、北宋《ほくそう》の学者らが築いた哲学を、朱子が一つの哲学体系にまとめ上げた新しい儒教の一学派です。

いっぽう「五経」とは、前漢《ぜんかん》に選ばれて唐《とう》の初めに確定した五つの基本経典をいい、一般に『易経《えききょう》』『書経《しょきょう》』『詩経《しきょう》』『礼記《らいき》』『春秋《しゅんじゅう》（左氏伝《さしでん》）』を指します。後漢《ごかん》から魏晋《ぎしん》にかけてこれらに注釈が作られ、さらに唐の初めに皇帝の命によって『五経正義《ごきょうせいぎ》』という疏《そ》（注釈のまた注釈）が作られました。唐の時代は、貴族制が根強く残るものの、政治に携わるには科挙《かきょ》（官僚採用試験）を突破するルートもありました。科挙では五経が試験科目だったため、『五経正義』を制定して標準解釈を示したのです。

朱子肖像（『三才図会』）

ところで、この五経には四書の『論語』

『孟子』『大学』『中庸』が見当たりませんね。今では『論語』『孟子』といえば真っ先に名前があがる儒教の古典ですが、唐代以前は「基本経典」ではなかったのです。『論語』は儒教の開祖・孔子《こうし》（前五五一〈一説に前五五二〉～前四七九）の直接の言葉を記した必読書ながら、位置づけは五経に次ぐものでした。『孟子』にいたっては諸子《しょし》百家《ひゃっか》の一著作という扱いでした。では『大学』『中庸』はどうでしょう。五経に『大学』『中庸』の名前こそ見当たりませんが、実はともに五経の一つである『礼記』四十九篇のうちの一篇でした。つまり唐代には『大学』『中庸』は『礼記』という基本経典の一部だったのです。では、どのようにして四書、すなわち朱子学の基本経典となったのか、その道筋を個別に見てみましょう。

二、『大学』の歴史

前に記したように、『大学』はもともと『礼記《らいき》』という経典の一篇でした。儒教が国家体制を支える教えとなった前漢時代、礼学の分野ではそれまでに伝えられていた礼の解説など種々の文献が『礼記』にまとめられました。そこに収められた諸篇は、孔子の教えを継ぐ学者たちの著述とされますが、多くはいつ誰によって著わされたものか特定は困難です。大学篇も同様で、成立時期は戦国時代から前漢まで諸説あり、著者もわかりません。

後漢の鄭玄《じょうげん》（一二七〜二〇〇）は多くの経典に注釈を作った大学者で、とりわけ礼学に詳しく、その『礼記』注は権威をもちました。これと唐の『礼記正義《らいきせいぎ》（疏）』（『五経正義』の一部）とは、朱子の注釈を「新注《しんちゅう》」というのに対して「古注《こちゅう》」と呼ばれ、新注の出現まで標準となる解釈でした。大学篇も長らくこの古注によって解釈されていたのです。ただ古注は、経典の語句の解説という性格が強く、科挙の受験科目となったこともあって、知識人の知的な欲求に応《こた》えられなくなっていきました。

魏晋から唐にかけてのこの時期、儒教の停滞を尻目《しりめ》に知識人の心をとらえたのが老荘《ろうそう》思想や仏教・道教でした。彼らは老荘思想の自然な生き方や、仏教や道教の説く精神の安定や不老長寿に引かれ、またそれらがそなえた奥深い哲学に魅《み》せられたのでした。

このような、儒教にとって厳しい思想状況のなか、中国古来の伝統をもつ儒教の復興を唱えたのが唐中期の韓愈《かんゆ》（七六八〜八二四）でした。韓愈は「原道《げんどう》」という論文を著わし、老荘思想や仏教・道教を、個人の安らぎばかりを追い求めて天下国家への社会的責任を果たしていないと批判する一方、古代の聖王の教えを受け継いだ儒教の価値を世に示したのでした。その拠《よ》りどころとなったのが、自己の心身の修養（修己）と天下国家の政治（治人）とは一体だとする大学篇の教えでした。これが注目されたのは、仏教や道教にはない儒教の特色が鮮明だったからです。

つづく宋の時代は、学問が奨励され、官僚はみな科挙によって採用する制度が確立し、高い教養と意識をもった知識人が活躍できるようになった時代でした。学問の意義を高く掲げた大学篇はこの時代の精神に合致したのでしょう、特別に扱われるようになりました。科挙の合格者には皇帝から『礼記』中庸篇と大学篇とが授けられました。大学篇が『礼記』から抜き出されて単行書となる初めです。また『資治通鑑《しじつがん》』の著者として知られる司《し》馬光《ばこう》（一〇一九～一〇八六）は単行の『大学』に初めて『大学広義《だいがくこうぎ》』という注釈を作りました。さらに程顥《ていこう》（一〇三二～一〇八五）・程頤《ていい》（号は伊川《いせん》、一〇三三～一一〇七）の兄弟（二程子《にていし》）も、大学篇に深く関心を寄せ、「大学《だいがく》は乃《すなわ》ち孔氏《こうし》の遺書《いしょ》（「大学」は孔子が後世のために遺《のこ》した書である）」、「徳《とく》に入《い》るの門《もん》は大学《だいがく》に如《し》くは無《な》し（道徳・学問への入門書として「大学」以上のものはない）」と重視して精密な研究を行いました。これらの成果を受けて、朱子は『大学』を独立した書として本文を整理し、注釈の整備に精力を傾けたのでした。

三、『中庸』の歴史

『大学』と同じく、『中庸』ももともと『礼記』の一篇でした。ただ『大学』が著者や成立を知る手がかりを欠き、長らく注目されなかったのに比べると、『中庸』はかなり事情が異なります。

『中庸』の成立については、司馬遷《しばせん》（前一四五？～前八六？）の『史記《しき》』に「子思《しし》は中庸《ちゆうよう》を作《つく》る」という記述があります。子思は字《あざな》（通称）で、本名を伋《きゆう》といい、孔子の子である鯉《り》の子、つまり孔子の孫です。鯉は孔子の晩年にこの世を去りましたから、子思は祖父の孔子のもとで育てられ、その門下で学んだのでしょう。子思の門人が孟子（前三七二？～前二八九？）の師とされ、二人は同じ系統の思想家と考えられています。『中庸』と『孟子』との思想的なつながりも、そう考え

子思肖像（『三才図会』）

ると納得できます。

もっとも、『史記』に「子思は中庸を作る」と記された「中庸」が現在の『中庸』と同じものかどうかには疑問が残ります。ここで現在の『中庸』がどのように成立したかについての学説、『中庸』二分説を紹介しましょう。――漢代に存在した文献のリストである『漢書《かんじょ》』芸文志《げいもんし》に「中庸説《ちゅうようせつ》二篇」という記載があります。かねて『中庸』の前半と後半とで主題が異なるのを不自然だと感じていた宋の王柏《おうはく》（一一九七～一二七四）は、この「中庸説二篇」という記述を見て、『中庸』はもともと前後二篇に分かれていたと考え、実践道徳である中庸を説く前半を「中庸」と名づけ、天と人とを貫く「誠」の哲学を説く後半を「誠明《せいめい》」と名づけました。

この王柏の『中庸』二分説は、日本の伊藤仁斎《いとうじんさい》（一六二七～一七〇五）や武内義雄《たけうちよしお》（一八八六～一九六六）によって精密な検討が加えられました。武内説によると、現在の『中庸』三十三章は古い部分と新しい部分とに二分されます。〈第十六章を除く第二章～第二十章前半〉は古い部分で、子思が作ったという本来の中庸（中庸本書）であり、〈第一章・第十六章・第二十章後半～第三十三章〉は新しい部分で、子思より後の学者による解説（中庸解）だとしました。さらに、新しい部分には「車軸の幅や文字を同一にする」

（第十八章）という秦《しん》の始皇帝《しこうてい》（前二五九～前二一〇）の天下統一後を思わせる記述があることから、その成立は秦代まで下ると考えたのでした。細かな部分の是非は別として、『中庸』二分説は有力な学説となっています。もっとも『中庸』の成立には諸説あり、また近年、戦国時代（前四〇三～前二二一）の竹簡《ちくかん》（竹の札《ふだ》）に記された出土文献の研究が進み、従来の学説は見直しを迫られつつあります。

『中庸』も『礼記』中の一篇でしたので、『大学』と同様に後漢から唐にかけて古注が作られました。ただ『大学』と異なり、『中庸』は老荘思想や仏教・道教が流行した南北朝時代（四二〇～五八九）から注目されていました。「天命《てんめい》の性《せい》（天が人に与えた本性《ほんせい》）」や「誠」といった『中庸』の奥深い哲学が当時の知識人の知的な欲求を満足させたのでしょう。南朝宋の戴顒《たいぎょう》の『礼記中庸伝《らいきちゅうようでん》』二巻や、梁《りょう》の武帝《ぶてい》（四六四～五四九）の『中庸講疏《ちゅうようこうそ》』一巻など中庸篇だけを抜き出した注釈が作られました。

唐代には、儒教復興の運動のなか、韓愈《かんゆ》の弟子の李翺《りこう》（七七二～八四一）が、『中庸』の思想を基礎とする『復性書《ふくせいしょ》』を著わしました。これには『論語』『孟子』『大学』も多く引用され、宋代の新しい儒教の先駆けとなったのでした。

そして北宋時代に入り、司馬光の『中庸広義《ちゅうようこうぎ》』一巻、程頤の『中庸解《ちゅうようかい》』一巻など、単行の『中庸』の注釈が数多く作られました。こうした流れが南宋の朱子につながっていったのです。

四、朱子学と『大学』『中庸』

北宋の学者たちから南宋の朱子につながる学派を「道学《どうがく》」ともいいます。仏教や道教ではなく儒教こそが脈々と伝えられた先王《せんおう》の道《みち》（教え）であり、自分たちこそその正しい道の伝統を今に伝える者だとの宣言です。この道学が掲げる先王以来の道の伝統を「道統《どうとう》」といいます。道統の系譜を朱子の「中庸章句序《ちゆうようしようくじよ》」にもとづいて示します（（）は王朝名）。

上古の聖神〈伏羲《ふつき》・神農《しんのう》・黄帝《こうてい》など〉―尭《ぎよう》―舜《しゆん》―禹《う》（夏《か》）―湯《とう》（殷《いん》）―文王《ぶんのう》・武王《ぶおう》（周《しゆう》）―孔子《こうし》―曽子《そうし》―子思―孟子……………程顥・程頤―朱子

孟子でいったん途絶えた学問の命脈を、千数百年のブランクを経て現代に復活させたのが自分たち道学の学者だというのです。学問の正統を継ぐ責任感や自負心が感じられます。朱子はこの道統に、朱子学の基本経典である四書を次のように位置づけました。

孔子『論語』――曽子『大学』――子思『中庸』――孟子『孟子』

『大学』『中庸』は曽子と子思とに割り当てられ、基本経典としての地位が確立したのです。

ここで疑問に思われるかもしれません。「『大学』の著者はわからないのではなかったか」と。実証主義の立場からすればその通りです。『大学』と曽子とのつながりは、『大学』に「曽子曰《いわ》く」に始まる引用があるだけで、『大学』を曽子の著作とする根拠はありません。では、朱子はどうして曽子を『大学』の著者としたのでしょう。ありていに言えば朱子が創り出したフィクションです。ただ朱子からすれば、『大学』は学問の目的・方法を簡明に示し、道学の先輩学者もその価値を認めた重要文献でした。その『大学』を道統に位置づけて基本経典とする必要から、曽子の著作とする強引ともいえる処置がとられたのです。

曽子肖像（『三才図会』）

朱子は四書に対して、みずから構築した哲学にもとづく綿密な注釈を施しました。それが『大学章句《だいがくしょうく》』『中庸章句《ちゅうようしょうく》』『論語集注《ろんごしっちゅう》』『孟《もう》子集注《ししっちゅう》』です。合わせて『四書章句集注《ししょしょうくしっちゅう》』あるいは『四書集注《ししよしっちゅう》』といいます。『大学』『中庸』の注に「章句」と名づけたのは、本文を章や句に分けて章節を立て、文章や文字の乱れを正し、テキスト全体に明快な構成を与えたためです(『大学』『中庸』の章立て・全体構成は30頁・138頁を参照)。

朱子学は、朱子の存命中は偽学《ぎがく》(まちがった学問)とされ政治的な弾圧を受けましたが、死後に再評価され、元《げん》の時代には朱子の注釈による四書が科挙の試験科目となりました。こうして朱子学は中国で儒教の正統の位置を占めるとともに、朝鮮・ベトナムそして日本に広まり、東アジアの近世社会を支える思想となりました。『大学』『中庸』は朱子学の基本経典として広く読まれることとなったのです。

朱子は経典の整備のほか、何をどう学ぶのかという学習の順序にも心を配りました。いわば経典は教科書、学習の順序は教育課程・カリキュラムですね。まず初等教育では朱子も編纂《へんさん》に関わった『小学《しょうがく》』を教科書として学び、次いで四書に進み、そしてボリュームのある五経へと進むとしました。また四書にも学ぶ順序がありました。朱子は弟子との対話でこう語っています。「最初に『大学』を読んで学問の枠組みを定め、次に『論語』を読んで学問の根本を立て、次に『孟子』を読んで学問の情熱的な現われを見、次に『中庸』を読んで古人の奥深いところを追究してほしい」(『朱子語類《しゅしごるい》』巻十四)。学問の目的・方法を記した『大学』を手掛かりに、『論語』『孟子』へと進み、最後に哲学的な『中庸』を読むという順序です。

本書は四書の始めと終わりに当たる『大学』『中庸』を収めています。『大学』は全文を収録し、『中庸』は全三十三章のうち二十七章を収録しました。『大学』『中庸』を解釈する場合、古注によるか朱子の新注によるか大きく二つの立場が考えられますが、本書では朱子の解釈に従うことにしました。朱子学の経典として広く読まれたこと、賛成か反対かにかかわらず朱子の解釈が共通の基盤であったこと、朱子によるテキスト整理や解釈が論理的で明快であること、などの点で『大学』『中庸』の入門書にふさわしいと考えたからです。

そのため、本文の説明には「理」「気」「性」「情」といった朱子学の専門用語を使う必要がありました。予備知識なしに読めるようにしましたが、朱子学の全体像をとらえて読んでもらえるように、以下に朱子学の概略を記しておきます。

《朱子学の概略》

朱子学は、南宋に成立した儒教の新しい学派で、最高の人格である聖人《せいじん》を目標に自身の人格を高め、社会のリーダー（君子《くんし》）として責任を果たすことをめざす道徳学であり政治学です。古い儒教と異なる朱子学の特徴は、道徳学・政治学の基礎をなす世界観・人間観といった壮大な哲学体系をそなえていることです。以下、理気論（世界観）・心性論（人間観）・修養論にわけて紹介します。（　）は朱子学の専門用語です。

〔理気論〕朱子学では、我々の住む世界（宇宙）はすべて理《り》と気《き》とから成り立つと考えました（理気二元論《りきにげんろん》）。理とは天地自然の道理・摂理（天理《てんり》）であり、すべての存在や現象を成り立たせる根拠です。いっぽうの気とはすべての存在や現象を形作る極めて微細な物質です。例えば、人と犬との形体は気から形成されますが、人を人らしく、犬を犬らしくするのは、人の理・犬の理のはたらきによります。

〔心性論〕人もこの世界の存在なので、やはり理と気とから成り立っています。人を人らしくするのは、人の心にそなわった理のはたらきによります。これを理の受け手である人の側から言えば、人はもともと人らしく生まれついている、その生まれつきの性質を「性《せい》」といいます。性とは心にそなわる理のことで、性と理とは呼び方こそ違いますが同じです（性即理《せいそくり》）。天地自然の理は絶対の善なので、人の性も本来は善です（本然《ほんぜん》の性《せい》）。しかし、現実の人は気から形作られる肉体（気質《きしつ》）をそなえています。気は微細ながら物質ですから、純粋な理に比べると不純さを免れません。この不純な気質の混濁のために、もともと善であるはずの人の性は、多かれ少なかれ覆い隠されているのです（気質《きしつ》の性《せい》）。また人は、外界の物事の刺激を受け、もとは静かな状態の性が、動いた状態の「情《じょう》」となります。情は過度になると「私欲《しよく》」となり、悪に流れることになります。

〔修養論〕朱子学では目標である聖人に到達するために、二つの修養法《しゅうようほう》を立てました。一つは、「居敬《きょけい》（敬《けい》に居《お》る）」という主観的な方法で、心の動揺を静めて善なる本性《ほんせい》（＝理）を明らかにするもの。いま一つは、「窮理《きゅうり》（理《り》を窮《きわ》む）」（あるいは格物致知《かくぶつちち》）という客観的な方法で、外界の物事にそなわった理を探究し、最終的に自分の心の理の自覚につなげるものです。この二つの方法は、歩くのに両足が必要なのと同じで、一方を無くすということのできない相互補完的な関係にあります。

五、参考文献（現在入手しやすいものを挙げた）

◆『大学』『中庸』訳注・解説

『大学・中庸』（新釈漢文大系2、赤塚忠、明治書院、一九六七年）

『大学・中庸』（中国古典新書、俣野太郎、明徳出版社、一九六八年）
『大学 中庸 孟子』（世界古典文学全集18、金谷治他、筑摩書房、一九七一年）
『大学・中庸』（全釈漢文大系3、山下龍二、集英社、一九七四年）
『大学・中庸』上・下（朝日文庫 中国古典選6・7、島田虔次、朝日新聞社、一九七八年）
『大学』（講談社学術文庫、宇野哲人、講談社、一九八三年）
『中庸』（講談社学術文庫、宇野哲人、講談社、一九八三年）
『大学・中庸』（岩波文庫、金谷治、岩波書店、一九九八年）

◆朱子学

『朱子学と陽明学』（岩波新書、島田虔次、岩波書店、一九六七年）
『朱子と王陽明―新儒学と大学の理念―』（清水新書、間野潜龍、清水書院、一九八四年）
『朱子―〈はたらき〉と〈つとめ〉の哲学』（書物誕生―あたらしい古典入門、木下鉄矢、岩波書店、二〇〇九年）
『朱子伝』（平凡社ライブラリー、三浦國雄、平凡社、二〇一〇年）
『入門 朱子学と陽明学』（ちくま新書、小倉紀蔵、筑摩書房、二〇一二年）

『朱子学と陽明学』（ちくま学芸文庫、小島毅、筑摩書房、二〇一三年）
『朱子学』（講談社選書メチエ、木下鉄矢、講談社、二〇一三年）
『朱子学入門』（垣内景子、ミネルヴァ書房、二〇一五年）

◆その他（右以外に、参照しながら文中に記せなかったもの）
『鬼神論―儒家知識人のディスクール』（子安宣邦、福武書店、一九九二年）
「朱子の『中庸章句』について」（『中国古典研究』第四十八号、吉田公平、二〇〇三年）
「人間の本性は善か悪か」（浅野裕一・湯浅邦弘編『諸子百家〈再発見〉』第四章、竹田健二、二〇〇四年）

大学

1 『大学』のエッセンス——経の一章

『大学』は、本文わずか一七五〇字ほどのうちに、人は何のために学ぶのか、どのように学ぶのか―学問の目的と方法とを簡潔に述べた儒教の概論ともいうべき書物です。なかでもこの冒頭の二〇五字には書物全体の要点が凝縮して示されています。朱子《しゅし》はこの部分を「孔子《こうし》の語り伝えた言葉を弟子の曽子《そうし》が記したもの」と特別視して「経《けい》」と見なしました。

「経」とは、もともと織物の縦糸《たていと》のことです。機織《はたお》りでは、機《はた》（織り機）に縦糸（経）を張り、それに横糸（緯）を交差させて織っていきますが、緯《よこいと》は途切れれば継ぎ足します。しかし、経《たていと》は常に張られていて変えることはできず、経が断たれれば布はおしまいです。そこから経は、時代を縦に貫く真理、およびその真理を記した経典《けいてん》という意味になりました。

「経」以下につづく一五四六字を、朱子は「経についての曽子の解説を曽子の門人が記したもの」と考えて「伝《でん》（解釈・注釈）」と見なし、十章に分けました。つまり『大学』は冒頭の「経」を基礎に、十章の「伝」がそれを解説する形で展開されているわけです。では、これから簡潔明快に述べられた『大学』のエッセンスを読んでみましょう。

三綱領《さんこうりょう》

大学《だいがく》の道《みち》は、明徳《めいとく》を明《あき》らかにするに在《あ》り、民《たみ》を新《あら》たにするに在《あ》り、至善《しぜん》に止《とど》まるに在《あ》り。

◆大学之道、在㆑明㆓明徳㆒、在㆑新（親）㆑民、在㆑止㆓於至善㆒。

〔大学教育で〕大人（成人）が学ぶべき教えは、〔人が天から受けて生まれもった〕輝かしい徳（明徳）を〔濁りを除き去って本来のように〕輝かせることに在《あ》り（明徳を明らかにする＝明明徳《めいめいとく》）、〔古くからの悪い状態に泥《なず》んでいる〕民衆を〔教え導くことで〕革新させることに在《あ》り（民を新たにする＝新民《しんみん》）、〔この「明明徳」と「新民」とにおいて〕究極の善（至善）に確《し》かと止《とど》まることに在《あ》る（至善に止まる＝止至善《ししぜん》）。

❖❖❖❖

「大学《だいがく》」というのは、古代の大学で教授された大人すなわち成人の学問のこと、その学問の内容・教えが「大学の道」です。古代の理想時代とされる夏《か》・殷《いん》・周《しゅう》の三代には、各地に学校が設けられ、みな八歳になると小学に入学して学び、また十五歳以上の天子（王）の太子や王子たち、貴族や官僚の跡継ぎ、さらには庶民の秀才たちは都に設置された大学に入学が認められて学んだといいます。彼らが君子《くんし》（社会のリーダーにふさわしい人徳と才智をそなえた人物）となるために学んだ教えが「明明徳《めいめいとく》」「新民《しんみん》」「止至善《ししぜん》」で、朱子《しゅし》はこれを「三綱領《さんこうりょう》（三つの要点）」と呼びました。「新民」はもともと「親民」となっていましたが、程伊川《ていいせん》（名は頤《い》）という学者は「親」は「新」に改めるべきだとし、朱子もその説に従いました。伝の第二章にくりかえし「新」の字が用いられて「新たにする」ことの大切さが説かれており、ここはそれと対応すると考えたためです。「明徳」とは、全ての人が生まれながらに天から受けた、天の道理と同じ輝かしい徳です。ただ、人の肉体は気《き》（微粒子あるいはガス状の物質）が凝《こ》り固まって形作られたもので（気質《きしつ》といいます）、その気質が明徳を覆います。気質が濁っていればそれだけ徳の輝きが覆い隠されるのです。たとえて言えば、キラキラ輝く宝石（明徳）が入ったコップに清水（澄んだ気質）を入れても宝石の輝きはほとんど遮られませんが、泥水（濁った気質）を注げば泥水に覆い隠される、というようなものです。

とはいえ、コップには確かに宝石があるのですから、泥水を静かに澄ませばその輝きは回復できます。人の場合も同様です。そこでまず必要なのが、気質の濁りを除き去って本来の輝かしい徳を輝かせる、「明徳を明らかにする（明明徳）」という自分を高める修行、つまり自己修養（修己《しゅうこ》）です。

次に目指すべきことが「民を新たにする（新民）」ことです。「明徳を明らかに」して自己修養を果たせばそれでお終《しま》い、というわけではありません。社会のリーダー（君子）として、自《みずか》ら明らかにした明徳を他者（民衆）に推し広げ、彼らに自己革新を遂げさせる、それが「民を新たにする」の意味です。これは「修己《しゅうこ》（自己修養）」に対して言えば人々を治める「治人《ちじん》」の行為です。

「明徳を明らかにする（明明徳）」「民を新たにする（新民）」そして「至善に止《とど》まる（止至善）」、この三つが「三綱領」ですが、それらは同列の関係ではありません。「止至善」は、「明明徳」と「新民」との二つの実践において、究極の善（至善）にしっかりと踏み止まることです。このように三綱領は「明明徳」（修己）と「新民」（治人）とが「止至善」に統一・維持される関係にあり、これ全体が学者（学ぶ者）のなすべき課題とされました。

本末《ほんまつ》

止《とど》まるを知《し》りて后定《のちさだ》まる有《あ》り、定《さだ》まりて后能《のちよ》く静《しず》かに、静《しず》かにして后能《のちよ》く安《やす》く、安《やす》くして后能《のちよ》く慮《おもんぱか》り、慮《おもんぱか》りて后能《のちよ》く得《う》。

物《もの》に本末有《ほんまつあ》り、事《こと》に終始有《しゅうしあ》り。先後《せんこう》する所《ところ》を知《し》れば、則《すなわ》ち道《みち》に近《ちか》し。

◆知㆑止而后有㆑定、定而后能静、静而后能安、安而后能慮、慮而后能得。
　物有㆓本末㆒、事有㆓終始㆒。知㆑所㆓先後㆒、則近㆑道矣。

止《とど》まるべき目標（究極の善のありか）を知って、その後に志の方向が定まり、志の方向が定まって、その後に心静かに乱れず、心静かに乱れずして、その後に身も心も安らぎ、心身が安らいで、その後に思慮がゆきとどき、思慮がゆきとどいて、〔止まるべき目標を〕達成することができる。

物には本《もと》（先《ま》ずなすべき明明徳《めいめいとく》）と末《すえ》（後になすべき新民《しんみん》）とが有《あ》り、事には始め（目標の見定め）と終わり（目標の達成）とが有《あ》る。先と後との順序次第をわきまえれば、道理（理想）に近いといえる。

❖❖❖❖

「止《とど》まるを知《し》る」から「能《よ》く得《う》」までは、三綱領《さんこうりょう》を実践する道筋をいいます。「明徳《めいとく》を明《あき》らかにする（明明徳《めいめいとく》）」ことと「民《たみ》を新《あら》たにする（新民《しんみん》）」ことの二つにおいて「至《し》善《ぜん》に止《とど》まる（止至善《ししぜん》、究極の善にしっかりと踏み止まる）」ためには、まず物事の究極の善（至善）がどこにあるかという目標をはっきりさせることが肝心です。

「止まるを知る」とは、止まるべき至善のありか（目標）を見定めることです。目標が明確になれば、「目標を知る→志が定まる→心が静まる→心身が安らぐ→思慮がゆきとどく→目標に到達する」という順序をたどります。この一連の過程を見ると、始めの目標設定の大切さがよくわかります。では、どのように「止まるを知る」のか、その目標の見定め方は、後の「八条目《はちじょうもく》」の「格物致知《かくぶつちち》」のところに説かれています。

「物《もの》に本末《ほんまつ》有《あ》り、事《こと》に終始《しゅうし》有《あ》り」は、「物事《ものごと》にはすべて本末や終始が有る」という意味で、本末・終始とは、〈まず始めにすべき本質的なこと〉と〈後回しにすべき従属的なこと〉です。何事にも本末・終始があり、その順序をわきまえれば事はうまく運ぶというのです。三綱領でいえば、我が身を修める「明徳を明らかにする（明明徳《めいめいとく》）」が本で、他者（民）を革新させる「民を新たにする（新民《しんみん》）」が末。また「止《とど》まるを知る（目標を見定める）」と「能《よ》く得《う》（目標を達成する）」とでいえば、「止まるを知る」が始めで、「能く得」が終わりです。つまり「明明徳《めいめいとく》」（修己）に目標を定めれば「新民《しんみん》」（治人）の実現も難しくないということです。

八条目《はちじょうもく》

古《いにしえ》の明徳《めいとく》を天下《てんか》に明《あき》らかにせんと欲《ほっ》する者《もの》は、先《ま》ず其《そ》の国《くに》を治《おさ》む。其《そ》の国《くに》を治《おさ》めんと欲《ほっ》する者《もの》は、先《ま》ず其《そ》の家《いえ》を斉《ととの》う。其《そ》の家《いえ》を斉《ととの》えんと欲《ほっ》する者《もの》は、先《ま》ず其《そ》の身《み》を修《おさ》む。其《そ》の身《み》を修《おさ》めんと欲《ほっ》する者《もの》は、先《ま》ず其《そ》の心《こころ》を正《ただ》しくす。其《そ》の心《こころ》を正《ただ》しくせんと欲《ほっ》する者《もの》は、先《ま》ず其《そ》の意《い》を誠《まこと》にす。其《そ》の意《い》を誠《まこと》にせんと欲《ほっ》する者《もの》は、先《ま》ず其《そ》の知《ち》を致《いた》す。知《ち》を致《いた》すは物《もの》に格《いた》るに在《あ》り。物格《ものいた》りて后《のち》知至《ちいた》る。知至《ちいた》りて后《のち》意誠《いまこと》なり。意誠《いまこと》にして后《のち》心正《こころただ》し。心《こころ》正《ただ》しくして后《のち》身修《みおさ》まる。身修《みおさ》まりて后《のち》家斉《いえととの》う。家斉《いえととの》いて后《のち》国治《くにおさ》まる。国治《くにおさ》まりて后《のち》天下平《てんかたい》らかなり。

◆古之欲レ明二明徳於天下一者、先治二其国一。欲レ治二其国一者、先斉二其家一。欲レ斉二其家一者、先修二其身一。欲レ修二其身一者、先正二其心一。欲レ正二其心一者、先誠二其意一。欲レ誠二其意一者、先致二其知一。致レ知在レ格レ物。

物格而后知至。知至而后意誠。意誠而后心正。心正而后身修。身修而后家斉。家斉而后国治。国治而后天下平。

〔理想的な教育が行われた〕過去において、輝かしい徳（明徳）を世界に〔向けて推し広げて全ての人々に明徳を〕輝かせようとする者（天子《てんし》）は、それに先だって〔一国の君主として〕自分の国を治めた。自分の国を治めようとする者は、それに先だって〔一家の長として家族を仲よくさせて〕自分の家を整えた。自分の身の家を整えようとする者は、それに先だって自分の身の行いを修めた。自分の身の行いを修めようとする者は、それに先だって〔一身の主体である〕心（意志）を正した。心を正しくしようとする者は、それに先だって〔何かをなそうとする〕自分の意（意識）を誠にした。自分の意を誠にしようとする者は、それに先だって自分の知（知識）を隈《くま》なく推し極めた。自分の知を隈なく推し極めることは、物事《ものごと》〔のうちにある道理《どうり》〕に窮極まで到達することによる。

物事〔の道理〕に窮極まで到達してこそ、知（知識）が隈なく推し極められる。

知が隈なく極められてこそ、意（意識）が誠になる。意が誠になってこそ心（意志）が正しくなる。心が正しくなってこそ身の行いが修まる。身の行いが修まってこそ家が整う。家が整ってこそ国が治まる。国が治まってこそ世界が平和になるのである。

❖　❖　❖　❖

この一段に見える「格物《かくぶつ》・致知《ちち》・誠意《せいい》・正心《せいしん》・修身《しゅうしん》・斉家《せいか》・治国《ちこく》・平天下《へいてんか》」の八項目は、三綱領《さんこうりよう》の「明明徳《めいめいとく》」と「新民《しんみん》」との具体的な行動内容で、朱子《しゅし》はこれを「八条目《はちじようもく》」と呼びました。

八条目を述べたこの文章は、前の句のお尻《しり》の言葉を次の句の頭に置く、まるで尻取りのような表現で順を踏んで議論を展開しています。そして前半と後半とは展開の方向が逆になっています。図式化するとこうなります。

A　明明徳於天下↓治国↓斉家↓修身↓正心↓誠意↓致知↓格物

B　天下平↑国治↑家斉↑身修↑心正↑意誠↑知至↑物格

前半Aの系列は、「明徳を天下に明らかにせんと欲する者は」というように動詞の前に「欲」の字が使われているので、「〜したい」という意志的な行為です。そして「国を治めたいと思う者は、先《ま》ず家を斉《ととの》えた」というように、目的（国を治めたい）からその前提条件（家を斉《ととの》えた）へと掘り下げてゆく方向です。いっぽう後半Bの系列は、A系列とは逆に「物格《ものいた》り→知《ち》至《いた》り→意《い》誠《まこと》なり……」と前提条件が根本から次々に実現されて、目標がおのずと達成されてゆく方向です。学ぶ意志をもつ者は、A系列で掘り下げた根本のところから「物《もの》に格《いた》る→知《ち》を致《いた》す→意《い》を誠《まこと》にす……」と順を追って修養を進めてゆけば、目標は無理なく達成される、ということを表しています。次節に「其《そ》の本《もと》乱《みだ》れて末《すえ》治《おさ》まる者《もの》は否《あら》ず」とあるように、順序を追って修養することが重視されているのです。

『大学』と思想的に関連の深い『孟子《もうし》』に、「（孟子曰《いわ》く）天下《てんか》の本《もと》は国《くに》に在《あ》り、国《くに》の本《もと》は家《いえ》に在《あ》り、家《いえ》の本《もと》は身《み》に在《あ》り」（離婁《りろう》上篇）とあります。「天下→国→家→身」と根本を探究する点で似ていますが、『孟子』は「身に在り」で終わっています。「修身」からさらに「正心→誠意→致知→格物」へと精神の深層に分け入って説明を加えるところは『大学』ならではの特色です。

三綱領とこの八条目との関係を示せば、「格物《かくぶつ》・致知《ちち》・誠意《せいい》・正心《せいしん》・修身《しゅうしん》」までが我が身を治める「明明徳《めいめいとく》」に当たり、「斉家《せいか》・治国《ちこく》・平天下《へいてんか》」が人を治めて革新させる「新民《しんみん》」に当たります。図を見れば、『大学』の整然とした体系がわかるでしょう。

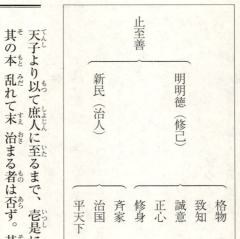

止至善

明明徳（修己）　新民（治人）

格物　致知　誠意　正心　修身　｜　斉家　治国　平天下

天子《てんし》より以《もっ》て庶人《しょじん》に至《いた》るまで、壱是《いっし》に皆《みな》　身《み》を修《おさ》むるを以《もっ》て本《もと》と為《な》す。

其《そ》の本《もと》　乱《みだ》れて末《すえ》　治《おさ》まる者《もの》は否《あら》ず。其《そ》の厚《あつ》くする所《ところ》の者《もの》薄《うす》くして、其《そ》の薄《うす》くする所《ところ》の者《もの》厚《あつ》きは、未《いま》だ之《こ》れ有《あ》らざるなり。

◆自二天子一以至二於庶人一、壱是皆以レ修レ身為レ本。
其本乱而末治者否矣。其所レ厚者薄、而其所レ薄者厚、未二之有一也。

天子《てんし》から庶民まで、全てみな〔格物《かくぶつ》・致知《ちち》・誠意《せいい》・正心《せいしん》を含めて〕身を修めることを根本（始めになすべき本務）とするのである。

その根本がでたらめでありながら末端（国や天下）が治まるということはない。手厚くすべきこと（より身近な修身《しゅうしん》・斉家《せいか》）に手薄で、〔順序として〕手薄にしてもよいこと（治国《ちこく》・平天下《へいてんか》）に手厚い、そのような〔本末の転倒でうまくいった〕例《ため》しはこれまでないのである。

❖❖❖❖

「天子《てんし》」は、天命《てんめい》を受けて天の意志に従い、「天の子」として天下（世界）を治める君主（王）で、地上で最も位の高い存在です。「壱是《いっし》」は「一切、すべて」の意味。「天子《てんし》より以《もっ》て庶人《しょじん》に至《いた》るまで、壱是《いっし》に皆《みな》身《み》を修《おさ》むるを以《もっ》て本《もと》と為《な》す」とは、天子と庶民とは位において天と地ほどの違いがあるけれども、身を修めることを修養の根本に置く点では違いはないという意味です。後に近江聖人《おうみせいじん》と称《たた》えられた日本陽明学《ようめいがく》の祖・中江藤樹《なかえとうじゅ》（一六〇八～一六四八）は、十一歳の時にこの一文に出会って感動し、「幸いにこの経典がいまに残っているのだから、学んで聖人に至れないことがあろうか！」と悟ったといいます。庶民の子として育った藤樹少年にとって、天子と庶民との区別なく人を善へと導いてくれる学問は、この上無く尊いものと感じられたのでしょう。

■コラム1　二宮尊徳の読む本は何？――『大学』にもとづく実践哲学

二宮尊徳《にのみやそんとく》をご存じですか。この名前を知らない方も、二宮金次郎《にのみやきんじろう》と聞けば、薪《たきぎ》を背負って本を読んでいる少年の像を思い浮かべるのではないでしょうか。

尊徳（一七八七～一八五六　正式には「たかのり」）は通称を金次郎といい、天明七年（一七八七）相模国足柄上郡栢山村《さがみのくにあしがらかみぐんかやまむら》（現在の神奈川県小田原《おだわら》市栢山）の農家に三人兄弟の長男として生まれました。家は貧しいうえに、父親は十四歳の時に病死しました。金次郎は、幼い弟を抱えた母を助けて、朝は早くから山で柴を刈って薪を売り、夜は縄をなって草鞋《わらじ》を作って働きました。あの薪を背負って本を読む姿はその頃のものです。

苦労はなおも続き、十六歳の時に母親が亡くなります。伯父《おじ》に引き取られた金次郎は、夜に日を継いで働きながら、「読み書きと計算ができなければ身を立てられない」と考え、夜なべ仕事のあとに勉強しました。こうしてわずか二十歳で生家を立て直し、自立を果たしたのです。親孝行で勤勉で苦学した少年金次郎、彼は昭和二十年までの修身《しゅうしん》科の教科書に明治天皇に次いで多く掲載され、少年の模範とされたのでした。

ところで、金次郎像が薪を背負いながら読んでいるあの本は何でしょうか。この像のもとになったのは、金次郎の弟子の富田《とみた》高慶《たかよし》が記した伝記『報徳記《ほうとくき》』の次の記述です。

採薪《さいしん》の往還《おうかん》にも『大学《だいがく》』の書《しょ》を懐《ふところ》にして途中歩《とちゅうあゆ》みながら之《これ》を誦《しょう》し（口に唱え）少《すこ》しも怠《おこた》らず。是《こ》れ先生《せんせい》（金次郎）聖賢《せいけん》の学《がく》（儒学《じゅがく》）の初《はじ》めなり。

つまり、薪を採る往《い》き還《かえ》りに歩きながら読んだのは実は『大学』だったのです。こうして『大学』を手始めに儒学を学び、後に二十六歳で小田原藩の家老に仕えた金次郎は、家老の子息に付き従って藩校に通い、講堂のかたわらで講義を聞くうちに、四《し》書五経《しょごきょう》などを聞きおぼえたといいます。彼の学問は働きながら寸暇《すんか》を惜しんで身につけたものだったのです。

金次郎の銅像に戻りますが、彼が手に取る本には何が書かれてあるのでしょうか。実のところ、像の制作者によって文字があったり無かったり、文字があっても彫られている言葉が違ったりと様々です。

小田原駅の二宮金次郎像

ここで金次郎の故郷小田原の玄関口、小田原駅前に立つ旧城内小学校から移設された銅像の本を覗《のぞ》いてみましょう。「一家仁、一国興仁、一家譲、一国興譲。一人貪戻、一国作乱。其機如此（一家《いっか》仁《じん》なれば、一国《いっこく》仁《じん》に興《おこ》り、一家《いっか》譲《じょう》なれば、一国《いっこく》譲《じょう》に興《おこ》る。一人《いちにん》貪戻《たんれい》なれば、一国《いっこく》乱《らん》を作《な》す。其《そ》の機《き》此《かく》の如《ごと》し）」とあります。一家の仁愛・謙譲こそが一国全体を仁愛・謙譲に奮い立たせるポイントだと説

金次郎像の読む本

く『大学』の一節です（92頁参照）。

成人した金次郎が、荒れた農村を建てなおす事業のなかで村人にくりかえし説いたのが「推譲《すいじょう》」、すなわち勤労と節制とによって生まれた余財（余裕の財力）を、独り占めせずに他者へすすめて譲ることです。みなが推譲しあうことが豊かで人間らしい社会の再建につながると考えたのです。

像の本に刻まれた「一家仁なれば、一国仁に興り……」の言葉は、『大学』のなかで最も金次郎の思想にふさわしい箇所ということで選ばれたのでしょう。

2　明徳を明らかにするとは（釈明明徳）——伝の第一章

康誥《こうこう》に曰《いわ》く、「克《よ》く徳《とく》を明《あき》らかにす」と。
大甲《たいこう》に曰《いわ》く、「諟《こ》の天《てん》の明命《めいめい》を顧《かえり》みる」と。
帝典《ていてん》に曰《いわ》く、「克《よ》く峻徳《しゅんとく》を明《あき》らかにす」と。
皆自《みなみずか》ら明《あき》らかにするなり。

◆康誥曰、克明㆑徳。
大甲曰、顧㆓諟天之明命㆒。
帝典曰、克明㆓峻徳㆒。
皆自明也。

康誥《こうこう》（『書経《しょきょう》』周書《しゅうしょ》の一篇）に言う、「〔周《しゅう》の文王《ぶんのう》はみずから〕よく徳を明らかにされた」と。

大甲《たいこう》（『書経』商書《しようしよ》の一篇）に言う、「〔殷《いん》の湯王《とうおう》は〕この天が下された輝かしい命令（受けた人からいえば明徳）を常に見つめておられた」と。

帝典《ていてん》（『書経』虞書《ぐしよ》の尭典篇《ぎようてん》）に言う、「〔聖王の尭《ぎよう》は〕よく偉大な徳を明らかにされた」と。

〔『書経』からの三つの引用は、古の聖王はみな自分の徳を明らかにしたことを述べている。そのように〕みな自《みずか》ら〔自分の明徳を〕明らかにすることをいうものである。

❖　❖　❖　❖

「経《けい》」が「孔子《こうし》の言葉を曽子《そうし》が記したもの」であるのに対して、「伝《でん》」は「経について の曽子《そうし》の解説を曽子の門人が記したもの」でした。よって、この伝の第一章以下はすべて曽子の解説（伝）です。ここは三綱領《さんこうりよう》の「明明徳《めいめいとく》（明徳を明らかにする）」を解説しています。

この章のうち、曽子自身の言葉は「皆自明也（皆自《みなみずか》ら明《あき》らかにするなり）」のわずか四字だけで、『書経《しょきょう》』からの三つの引用がほとんどを占めます。『書経』は、古くは単に『書』といいました。伝説上の聖王である尭《ぎょう》・舜《しゅん》をはじめ夏《か》の禹《う》王、殷《いん》（商《しょう》）の湯王《とうおう》、周《しゅう》の文王《ぶんのう》・武王《ぶおう》・周公《しゅうこう》といった三王朝（三代《さんだい》）の王たちの発言や行動を記録したもので、時代順に「虞書《ぐしょ》」（舜の時代の記録）、「夏書《かしょ》」「商書《しょうしょ》」「周書《しゅうしょ》」に分かれます。『書』は『詩』（のちの『詩経《しきょう》』）とともに古くから古典として尊ばれ、すでに孔子の学校では知識人の必須《ひっす》の教養として学ばれていました。戦国時代から漢代にかけての文献は、「詩に曰《いわ》く」「書に曰く」と明記してしばしば『詩』『書』を引用します。自分の説はけっしてでたらめではなく、聖人・賢者の考えを記した経典に根拠があるということを示して説得力を高めようとしたのです。『大学』や『中庸』に『詩』『書』の引用が目立つのはこのような理由からです。ここでは、経に見える「明明徳」について、尭・湯王・文王らも遠い昔から大切にしてきたということを、曽子が権威ある経典『書』を引用して証明しているのです。

3　民を新たにするとは（釈新民）――伝の第二章

湯《とう》の盤《ばん》の銘《めい》に曰《いわ》く、「苟《まこと》に日《ひ》に新《あら》たにせば、日日《ひび》に新《あら》たにして、又日《またひ》に新《あら》たならん」と。

康誥《こうこう》に曰《いわ》く、「新《あら》たにする民《たみ》を作《おこ》す」と。

詩《し》に曰《いわ》く、「周《しゅう》は旧邦《きゅうほう》と雖《いえど》も、其《そ》の命《めい》惟《こ》れ新《あら》たなり」と。

是《こ》の故《ゆえ》に君子《くんし》は其《そ》の極《きょく》を用《もち》いざる所無《ところな》し。

◆湯之盤銘曰、苟日新、日日新、又日新。

康誥曰、作㆓新民㆒。

詩曰、周雖㆓旧邦㆒、其命惟新。

是故君子無㆑所㆑不㆑用㆓其極㆒。

湯王《とうおう》〔殷《いん》王朝の創始者〕の盤《ばん》〔沐浴《もくよく》に使う盥《たらい》〕に刻まれた銘文《めいぶん》に言う、「もしほんとうに一日〔身体の垢《あか》を洗い流すように、自分の心の汚れを洗い流して〕新たにすれば、日に日に新たになり、その上さらに〔止《や》むことなく〕日々に新たにする」と。

康誥《こうこう》〔『書経《しょきょう》』周書《しゅうしょ》の一篇〕に言う、「〔自《みずか》ら明徳を明らかにした君子が教化を及ぼすことで〕民衆を奮い立たせて革新させる」と。

盤（内側に銘文が刻まれている）

『詩経《しきょう》』〔大雅《たいが》・文王《ぶんのう》篇〕に言う、「周は〔尭《ぎょう》・舜《しゅん》のもとで功績のあった后稷《こうしょく》以来の〕古い国だが、〔文王に至って、始めて天の意志にかなって「王となって天下を治めよ」との天命《てんめい》が下ったのだから〕その天命は新しい」と。

　こういうわけで、君子は〔自己を革新するにも、民を革新させるにも〕いつもその最善を尽くして至善に止まろうとするのである。

❖❖❖❖

この伝の第二章は三綱領《さんこうりよう》の「新民《しんみん》（民を新たにす）」を解説しています。古語や『詩《し》経《きよう》』『書経《しよきよう》』など経典の文言を根拠に述べるところは前章と同じです。

「盤《ばん》」は青銅などで作られた沐浴《もくよく》用の盥《たらい》、「銘《めい》」はそこに刻まれた言葉です。日用の体を清める道具に、「苟《まこと》に日《ひ》に新《あら》たにせば、日日《ひび》に新《あら》たにして、又日《またひ》に新《あら》たならん」の言葉を刻んで、「身体を清めるように心を新たにしよう」とみずから戒《いまし》め励ましているのです。この銘文の内容は「自《みずか》ら新《あら》たにする」つまり自己革新をいうもので、三綱領でいえば「明明徳《めいめいとく》（明徳を明らかにす）」に当たります。「新民」の前提として「明明徳」が必要なので、この章の冒頭に置かれています。

次の『書経』康誥《こうこう》篇の引用は「民衆を奮い立たせて革新させる」という内容で、まさに「新民」に関する引用です。

『詩経』大雅《たいが》の文王《ぶんのう》篇の引用には、中国古来の「易姓革命《えきせいかくめい》」という王朝の交代に関する考え方が背景にあります。天は、天に代わって民衆のために善政を行う有徳者に「天下（世界）を治めよ」との命令（天命《てんめい》）を下します。天命を受けて天下を治める統治者が「天子《てんし》」です。もし天子が徳を失い悪政を行って、天命に応《こた》えられなければ、天はこれまでの天子に替えて新しい統治者（新しい天子）を選び、「天下を統治せよ」との命令を革《あらた》めます。天命が革まることによって統治者（天子）の姓が易《か》わるので「易姓革命」といいます。夏《か》王朝から清《しん》王朝まで繰り返された中国の「革命」はみなこの易姓革命による王朝交代です。フランス革命やロシア革命といった政治社会体制の根本的な変革revolutionとは異なります。

周《しゅう》王朝の基礎を築いた文王は、もと殷《いん》王朝の諸侯《しょこう》（日本でいう大名《だいみょう》）でした。殷の紂《ちゅう》王《おう》は酒池《しゅち》肉林《にくりん》（酒を池に満たし、肉を林の枝につるす）の贅沢《ぜいたく》にふけり、ひどい政治を行いましたが、文王は善行を積んで徳を養い（明明徳）、その人徳による影響は民衆に及んで（新民）多くの支持を得ていました。周は古い国ですが、文王に至って「殷《いん》に代わって天下を治めよ」との天命《てんめい》が新たに下りました。これは文王がみずから明徳を明らかにし、善政を行って民衆を革新させて、最善を尽くした結果だったのです。

■コラム2　二宮尊徳の道歌――和歌で説かれた『大学』『中庸』の教え

二宮金次郎《にのみやきんじろう》（尊徳《そんとく》）の銅像を知る人も、彼が成人後に何をしたかはあまり知らないのではないでしょうか。二宮尊徳を事典などで調べると多く「農政家《のうせいか》」と紹介されています。彼の勤勉さと農業経営の手腕はやがて小田原藩主《おだわらはんしゅ》や幕府《ばくふ》に認められ、荒廃した農村の復興に生涯を捧《ささ》げました。農村復興のための方法として、まず、収入に応じた生活基準（分度《ぶんど》）を定め、村人にその分度内で暮らす必要性を説きました。そして、節約によって生じた余剰を復興資金とし、農地の整備・荒地の開拓などの事業を展開していきました。

その一方で尊徳は、新田開発《しんでんかいはつ》には「心田《しんでん》開発」こそが大切と考え、村人に勤労や倹約《けんやく》を説いて規律ある生活へ導きました。つぎの文章は、尊徳が彼の指導を受けて農村再建に取り組んでいるリーダーにあてた手紙の一部です。（手紙の文章は現代語に改め、道歌《どうか》〈道徳的な内容の和歌〉の漢字表記も一部改めました。）庶民にもわかる易しい表現で生活に役立つ教えが説かれています。

最近、世間《せけん》は派手で軟弱になり、古人の金言《きんげん》（格言、名言）など堅いものをよく嚙《か》みしめ味わう者が少なくなりました。海から釣りあげた大魚も小魚も、切り身にして煮たり焼いたりしてこそ、日常の食物として人々の命を養う助けとなるのです。まして千年も昔に異国より伝わった『大学《だいがく》』『論語《ろんご》』

などは、天下国家を治める偉大な徳が備わった書物なので、魚に譬《たと》えれば身も多い反面、大きな骨もあり、よって人々も称賛するばかりでそっくり飲み込めず、店先で売れ残っている状態です。そこで古い言葉を一、二取り上げ、汚れを拭《ふ》き、皮を剝《は》ぎ、筋も骨も取って、人々がふだん使っている平仮名で、老若男女にも飲み込みやすく仕立てて、試しに少々差し上げますので、御賞味ください。

在明明徳（明徳《めいとく》を明《あき》らかにするに在《あ》り）
　豊葦《とよあし》の　深野《ふかの》が原を　田となして　食をもとめて　食《く》ろふ楽しさ
在親民（民《たみ》に親《した》しむに在《あ》り）
　田を拓《ひら》き　米を作りて　施せば　命あるもの　みな服《ふく》すらむ
在止至善（至善《しぜん》に止《とど》まるに在《あ》り）
　田を作り　食を求めて　譲りなば　幾世経《いくよふ》るとも　これに止《とど》まる

三綱領《さんこうりょう》「明明徳《めいめいとく》」「親民《しんみん》」「止至善《ししぜん》」のそれぞれの意味を、農作業に当てはめて、やさしい和歌の形式に料理してくれています。例えば第一首は、豊葦原《とよあしはら》（葦《あし》の生《お》い茂《しげ》る原。日本の古名）の荒れ地を田畑に切り開き豊かな恵みを引きだすこと、それこそが農民にとっての「明明徳」だというのです。

道歌には『中庸《ちゅうよう》』にもとづくものもあります。たとえば、

中庸其至矣乎、民鮮能久矣（中庸《ちゅうよう》は其《そ》れ至《いた》れるかな。民《たみ》能《よ》くすること鮮《すく》なきこと久《ひさ》し）

きのふ今日　あすと浮世《うきよ》の　丸木《まるき》はし　よく踏《ふみ》しめて　わたれ旅人

題に挙げられた『中庸』第三章の言葉は、「中庸の徳は最高のものなのに、民衆で実行できるものが少ない」と嘆く内容です。その中庸の徳を浮世（世間《せけん》）を渡る丸木橋に譬《たと》え、丸木橋の真ん中を踏み外さぬように慎重に渡れと戒《いまし》めているのです。

このように尊徳は、『大学』『中庸』『論語』などの古典の言葉を、庶民の生活に合わせて平易な和歌に仕立て、新たな命を吹きこんだのです。

4　至善に止《とど》まるとは（釈止至善）——伝の第三章

詩《し》に云《いわ》く、「邦畿《ほうき》千里《せんり》、惟《こ》れ民《たみ》の止《とど》まる所《ところ》」と。

詩《し》に云《いわ》く、「緡蛮《めんばん》たる黄鳥《こうちょう》、丘隅《きゅうぐう》に止《とど》まる」と。子《し》曰《いわ》く、「止《とど》まるに於《お》て其《そ》の止《とど》まる所《ところ》を知《し》る。人《ひと》を以《もっ》てして鳥《とり》に如《し》かざるべけんや」と。

詩《し》に云《いわ》く、「穆穆《ぼくぼく》たる文王《ぶんのう》、ああ緝熙《しゅうき》にして敬《けい》して止《とど》まる」と。人《ひと》の君《きみ》と為《な》りては仁《じん》に止《とど》まり、人《ひと》の臣《しん》と為《な》りては敬《けい》に止《とど》まり、人《ひと》の子《こ》と為《な》りては孝《こう》に止《とど》まり、人《ひと》の父《ちち》と為《な》りては慈《じ》に止《とど》まり、国人《こくじん》と交《まじ》りては信《しん》に止《とど》まる。

詩《し》に云《いわ》く、「彼《か》の淇澳《きいく》を瞻《み》れば、菉竹《りょくちく》猗猗《いい》たり。斐《ひ》たる君子《くんし》有《あ》り、切《せっ》するが如《ごと》く磋《さ》するが如《ごと》く、琢《たく》するが如《ごと》く磨《ま》するが如《ごと》し。瑟《ひっ》たり僩《かん》たり、赫《かく》たり喧《けん》たり。斐《ひ》たる君子《くんし》有《あ》り、終《つい》に諠《わす》るべからず」と。「切《せっ》するが如《ごと》く磋《さ》するが如《ごと》し」とは、学《がく》を道《い》うなり。「琢《たく》するが如《ごと》く磨《ま》するが如《ごと》し」とは、自《みずか》ら修《おさ》むるなり。「瑟《ひっ》たり僩《かん》たり」とは、恂慄《しゅんりつ》なり。「赫《かく》たり喧《けん》たり」とは、威儀《いぎ》なり。「斐《ひ》たる君子《くんし》有《あ》り、終《つい》に諠《わす》るべからず」とは、盛徳至善《せいとくしぜん》、民《たみ》の忘《わす》るる能《あた》わざるを道《い》うなり。

詩《し》に云《いわ》く、「ああ前王《ぜんのう》忘《わす》れられず」と。君子《くんし》は其《そ》の賢《けん》を賢《けん》として其《そ》の親《しん》を親《しん》とし、小人《しょうじん》は其《そ》の楽《たの》しみを楽《たの》しみとして其《そ》の利《り》を利《り》とす。此《ここ》を以《もっ》て世《よ》を没《ぼっ》すれども忘《わす》れられざるなり。

◆詩云、邦畿千里、惟民所レ止。

詩云、緡蛮黄鳥、止二於丘隅一。子曰、於レ止知二其所一レ止。可三以レ人而不レ如レ鳥乎。

詩云、穆穆文王、於緝熙敬止。為二人君一止二於仁一、為二人臣一止二於敬一、為二人子一止二於孝一、為二人父一止二於慈一、与二国人一交止二於信一。

詩云、瞻二彼淇澳一、菉竹猗猗。有二斐君子一、如レ切如レ磋、如レ琢如レ磨。瑟兮僩兮、赫兮喧兮。有二斐君子一、終不レ可レ諠兮。如レ切如レ磋者、道レ学也。如レ琢如レ磨者、自修也。瑟兮僩兮者、恂慄也。赫兮喧兮者、威儀也。有二斐君子一、終不レ可レ諠兮者、道二盛徳至善、民之不レ能レ忘也。

詩云、於戯前王不レ忘。君子賢二其賢一、而親二其親一、小人楽二其楽一、而利二其利一。此以没レ世不レ忘也。

『詩経《しきょう》』（商頌《しょうしょう》・玄鳥篇《げんちょう》）に言う、「〔文化の華《はな》咲く理想の地である〕王者の都の千里四方、これぞ民衆の止《とど》まり居《お》るべき所」と。〔このように、何ごとにも止まるべき至善《しぜん》がある。〕

『詩経』（小雅《しょうが》・緜蛮篇《めんばん》）に言う、「緡蛮《めんばん》（擬音語）と美しく鳴くウグイス（黄鳥）は、人の来ない木々の鬱蒼《うっそう》と茂った峰《みね》（丘隅《きゅうぐう》）に安らいで止《とど》まっている」と。先生（孔子）は〔この詩を解説して〕おっしゃった、「〔小さなウグイスですら〕止《とど》まる時には止《とど》まるにふさわしい場所をちゃんと心得《こころえ》ている。人でありながら鳥に及ばないでよかろうか」と。〔人は止まるべき至善を知らねばならない。〕

『詩経』（大雅《たいが》・文王篇《ぶんのう》）に言う、「静かで奥ゆかしい文王は、ああ〔その徳は〕

絶えず光り輝き、敬《けい》（精神の集中状態）を保持して〔居《お》るべき所に安らかに〕止《とど》まっておられる」と。〔文王は〕人の君主となっては〔臣下・民衆への〕仁愛《じんあい》に止《とど》まり、人の臣下となっては〔主君への〕尊敬に止まり、人の子となっては〔親への〕孝順《こうじゅん》に止まり、人の父となっては〔子への〕慈愛《じあい》に止まり、民衆との交際では信義《しんぎ》に止まったのである。〔このように聖人はどんな場合にも至善《しぜん》に止まられたのである。〕

『詩経』（衛風《えいふう》・淇澳《きいく》篇）に言う、「あの淇《き》の川の隈《くま》（湾曲したところ）を見ると、緑の竹が美しく茂っている。〔その竹のように〕美しい君子《くんし》は、骨角や象牙《ぞうげ》を切って形を整える（切《せつ》）ように削って滑らかにする（磋《さ》）ように、また玉《ぎょく》や石を打ち欠いて形を作る（琢《たく》）ように磨いてツヤを出す（磨《ま》）ように修養に努める。人がらは誇り高く（瑟《しつ》）威厳があり（僩《かん》）、振る舞いは輝かしく（赫《かく》）立派である（喧《けん》）。〔人がら・振る舞いともに〕かくも美しい君子は、ずっと忘れられない」と。〔この詩を解釈すると〕「骨角や象牙を切るように削るように（切《せつ》するが如《ごと》く磋《さ》するが如《ごと》く）」とは、〔講義を聞いたり、議論をしたりして〕学ぶことをいったものである。「玉や石を打つように磨くように（琢《たく》するが如《ごと》く磨《ま》するが如《ごと》し）」とは、自《みずか》ら我が身を修め（人徳を身につけ）ることである。「誇り高く威厳がある（瑟《ひっ》たり僩《かん》たり）」とは（我が身を省みて）恐れ慎むこと（恂慄《しゅんりつ》）であり、「輝かしく立派である（赫《かく》たり喧《けん》たり）」とは、（人徳が外面に現われて）厳《おごそ》かで礼儀正しいこと（威儀《いぎ》）である。「かくも美しい君子は、ずっと忘れられない（斐《ひ》たる君子《くんし》有《あ》り、終《つい》に諠《わす》るべからず）」とは、立派な人徳（盛徳）を理想の状態（至善）に保つ君子のことを、民衆は忘れることができないというのである。〔切磋琢磨によって人格の向上に努めたもの（明明徳《めいめいとく》）が、理想の状態にあったさま（止至善《ししぜん》）は、このとおりである。〕

『詩経』（周頌《しゅうしょう》・烈文篇《れつぶん》）に言う、「ああ、前代の王（前王《ぜんのう》、すなわち周《しゅう》の文《ぶん》王《のう》・武王《ぶおう》）のことは忘れられない」と。君子（後世の賢者や王たち）は、賢明

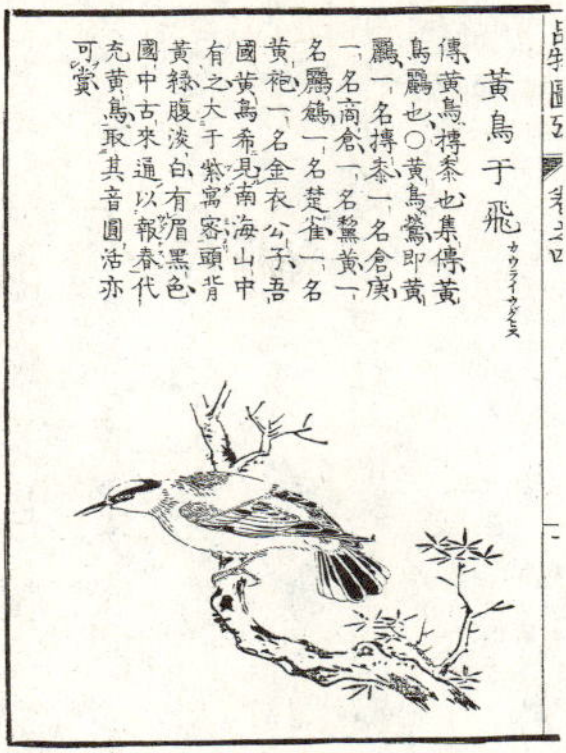

黄鳥（『毛詩品物図攷』）

であった前王を賢明として敬い、肉親を親愛した前王を親愛し、小人〔後世の民衆〕は前王が残した太平の安楽を楽しみ、前王の残した生活の利便さを利用する。こういうわけで〔前王が〕生涯を終えても〔人々は前王を思慕して〕忘れ去られないのである。〔前王が善政を行い、人々へ善き感化を及ぼし（新民《しんみん》）、それが理想の状態を保った（止至善《ししぜん》）ために、後世の人々までが満足し敬い慕うのである。」

❖　❖　❖　❖

この伝の第三章は、『詩経《しきょう》』の詩五篇の一節を引用して、三綱領《さんこうりょう》の「止至善《ししぜん》（至善《しぜん》に止《とど》まる）」を解説しています。

『詩経』は、殷《いん》の末期から春秋《しゅんじゅう》時代にかけて（紀元前一一〇〇年頃～前六〇〇年頃）の詩およそ三百篇を収めた、中国に現存する最古の詩集で、古くはただ『詩《し》』といいました。収録する詩はその内容から、風《ふう》（国風《こくふう》）……諸侯《しょこう》（日本でいう大名《だいみょう》）の国々の民謡、雅《が》……周の宮廷での宴会や諸侯との接見などで歌われたうた、頌《しょう》……宗廟（祖先の霊を祀《まつ》る御霊屋《おたまや》）での祭祀《さいし》で歌われた祖先を誉《ほ》め頌《たた》えるうた、の三種類に分かれます。古くから古典として尊ばれ、『書《しょ》』（のちの『書経《しょきょう》』）とともに孔子の学校でも主要な教科として学ばれました。孔子は、『詩』三百篇を一言でいえば「純粋な思いの表れだ（思《おも》い邪《よこしま》無《な》し）」（『論語《ろんご》』為《い》政《せい》篇）と言いました。偽りない心情を歌った詩を学ぶことで、古典の教養と豊かで洗練された表現力とを身に着け、そこに込められた人の道、生きる智《ち》慧《え》を得ようとしたのでした。ここでは『詩』の各篇の一節から「止至善」の教えを読み取っています。

「詩《し》云《うん》子《し》曰《えつ》」という言葉があります。「『詩』に云《いわ》く、子《し》曰《いわ》く」という意味ですが、広く儒教関係の著述一般を指す言葉になりました。それほど多く『詩』は儒家の著述に引用されたのです。その際、詩の一節は人の道・先人の智慧が凝縮された格言のように、もとの詩全体の意味から切り離され、一部分（章句）だけから意味が導き出されることが少なくありませんでした。これを断章取義《だんしょうしゅぎ》（章《しょう》を断《た》ちて義《ぎ》を取《と》る）といいます。

『大学』や『中庸』での引用でも断章取義はたくさん見えます。たとえば、ここに引く大雅《たいが》・文王《ぶんのう》篇の「穆穆《ぼくぼく》たる文王《ぶんのう》、ああ緝熙《しゅうき》にして敬《けい》して止《とど》まる」の「止」の字は、もとの詩では語調を整えるための言葉（間《あい》の手《て》・囃子詞《はやしことば》のたぐい）にすぎず、「止まる」の意味はありません。しかし、『大学』では「文王《ぶんのう》も至善《しぜん》に止まった」という例として、あえて「敬して止まる」と解釈されたのでした。また、衛風《えいふう》・淇澳《きいく》篇を引用して、「『切《せっ》するが如《ごと》く磋《さ》するが如《ごと》し』とは、学《がく》を道《い》うなり。『琢《たく》するが如《ごと》く磨《ま》するが如《ごと》し』とは、自《みずか》ら修《おさ》むるなり」とありますが、もとの詩に「切磋《せっさ》＝学問」「琢磨《たくま》＝自修」という区別があるわけではなく、『大学』の趣旨に引き付けた解釈です。ちなみにこの詩が「切磋琢《せっさたく》磨《ま》」という成語の出典です。

5　本末とは（釈本末）――伝の第四章

子曰《しいわ》く、「訟《うった》えを聴《き》くは、吾猶《われな》お人《ひと》のごときなり。必《かなら》ずや訟《うった》え無《な》からしめんか」と。情無《まことな》き者《もの》は、其《そ》の辞《じ》を尽《つ》くすを得《え》ず、大《おお》いに民志《みんし》を畏《おそ》れしむ。此《これ》を「本《もと》を知《し》る」と謂《い》う。

◆子曰、聴レ訟、吾猶レ人也。必也使レ無レ訟乎。無レ情者、不レ得レ尽ニ其辞一、大畏ニ民志一。此謂レ知レ本。

先生はおっしゃった、「訴訟を取りさばく能力では、私は人並みだ。〔ただそれよりも大切なのは〕どうにかして訴訟を無くさせることだ」（『論語《ろんご》』顔淵篇《がんえん》）と。〔これを曽子《そうし》が解説して言うには、上に立つ聖人が明徳を輝かせれば〕事実無根の嘘《うそ》をつく者は、〔うそ偽りの〕言葉を言い立てることができなくなって、民衆の心を畏れ従わせることになる。〔上に立つ者が明徳を輝かせれば（明明徳）、民衆は感化されて訴訟に訴えなくなる（新民）。そういった根本が確立すれば、訴訟を取りさばく手腕・技術のあるなしは些末《さまつ》なこととなる。〕このことを「本を知る」というのである。

❖ ❖ ❖ ❖

この伝の第四章は、『論語《ろんご》』顔淵《がんえん》篇の孔子の言葉を引用して、経の「物《もの》に本末有《ほんまつあ》り、事《こと》に終始有《しゅうしあ》り」の「本末《ほんまつ》」を解説しています。

「本末」はもともと樹木の部位を指し示す言葉で、「本」は「木」の下の部分に印をつけて木の下部、すなわち木の幹・根元《ねもと》を示す字。「末」はその反対で、「木」の上の部分に印をつけて木の上部、すなわち梢《こずえ》・枝葉《えだは》を示す字です。そのもとの意味から発展し、本＝基礎・根本・根本的、末＝末端・末節・従属的という意味が生まれました。ここでは、上に立つ者が明徳を輝かせ（明明徳《めいめいとく》）、民衆が感化を受けて訴訟に訴えなくなること（新民《しんみん》）が「本」、訴訟を取りさばく実務的な能力・技術を用いることが「末」です。

周《しゅう》の文王《ぶんのう》がまだ天命《てんめい》を受ける前のこと、文王《ぶんのう》は西伯《せいはく》（西の諸侯《しょこう》のリーダー）として善行を積み人徳を養って諸侯たちの信頼を得ていました。あるとき虞《ぐ》国と芮《ぜい》国の人が互いに田地の所有権を争って譲らず、二人は西伯（文王）に裁いてもらうことにしました。ところが西伯の国に入ってみると、人々はみな譲り合い、思いやりに満ちています。二人は西伯に会うまでもなく、互いに争って訴訟に訴えようとしたことを羞《は》じて国へ戻り、田地を共有地としたといいます（『史記《しき》』周本紀《しゅうほんぎ》）。文王の徳が国民によい影響を与え、虞や芮の人にも感化を及ぼして訴訟を無くさせたのでした。

6 物に格《いた》りて知を致すとは（釈格物致知）――伝の第五章

此《これ》を「本《もと》を知《し》る」と謂《い》う。此《これ》を「知《ち》の至《いた》り」と謂《い》う。

◆此謂レ知レ本。此謂二知之至一也。

これを「本を知る」と言う。これを「（事物の道理について）知識を推し極める」と言う。

❖　❖　❖　❖

『大学』の構成は、冒頭の経一章の三綱領《さんこうりょう》・本末《ほんまつ》・八条目《はちじょうもく》の内容を、つづく伝の第一章から第十章が解説するという形になっています。この伝の第五章から末尾の伝の第十章までは、「格物《かくぶつ》・致知《ちち》・誠意《せいい》・正心《せいしん》・修身《しゅうしん》・斉家《せいか》・治国《ちこく》・平天下《へいてんか》」の八条目を順に解説していきます。伝の第五章は、八条目の初めの二つ「格物《かくぶつ》・致知《ちち》（物に格《いた》りて知を致す）」を解説する部分です。

もともと『礼記《らいき》』の一篇であった『大学』は、後漢《ごかん》の鄭玄《じょうげん》（一二七〜二〇〇）の『礼記』注による解釈が標準でした。その鄭玄の注によると、八条目の「格物致知」は「物《もの》を格《き》たして知《ち》を致《いた》す」と読み、「自分が招き寄せた物事の善悪によって、自分の行いの善悪を知り得る」といった意味とされました。漢《かん》代に流行した天人相関説《てんじんそうかん》（天地自然と人とは相互に影響しあうという考え方）に基づくもので、宋《そう》代に至るまで、これが一般的な解釈でした。

これに対して思想史上の大きな転機となったのが朱子の解釈でした。朱子は「格物致知」を「物《もの》に格《いた》りて知《ち》を致《いた》す」と読み、「あらゆる物事《ものごと》についてその内にそなわる理《り》（道理《どうり》）を窮《きわ》め尽《つ》くし（窮理《きゅうり》）、自分の知識（知）を推《お》し極《きわ》める」と解釈しました。そしてこの「格物致知」（窮理ともいう）を「居敬《きょけい》（敬《けい》に居《お》る）」（精神集中によって道徳性を養う修養）とならぶ朱子学の学問方法論の柱に据《す》えたのでした。

こうして「格物致知」は『大学』の最重要ポイントと見なされましたが、朱子からすれば『大学』の本文には問題がありました。というのは、八条目の「格物致知」を解説するはずの伝《でん》の第五章の本文は「此謂知本。此謂知之至也」という十字しかありません。

しかも「此謂知本（此《これ》を本《もと》を知《し》ると謂《い》う）」の四字は伝の第四章の末尾の「此謂知本」と重複して不要なので、この章の本文は「此謂知之至也」のわずか六字だけ、肝心の「格物致知」を詳しく解釈する根拠を『大学』本文から見出《みいだ》せなかったのです。これは朱子学の学問論の根幹にかかわる大問題です。朱子はこの問題をどう解決したのでしょうか。それについては、コラム3をご覧ください。

■コラム3　朱子の「格物補伝」

八条目《はちじょうもく》の「格物致知《かくぶつちち》」は朱子学《しゅしがく》の学問方法論として大変重要ですが、それを解説するはずの伝の第五章は、わずか「此謂知之至也（此《これ》を知《ち》の至《いた》りと謂《い》う）」の六字しかありません。そこで朱子はこう考えました。――伝の第五章にはもともと「此謂知之至也」の上に「格物致知」を解説する文章が存在した。しかし、それは秦《しん》の始皇帝《しこうてい》が行ったとされる焚書坑儒《ふんしょこうじゅ》（書物を焼却し儒学者を生き埋めにした弾圧事件）などのために失われ、結びの六字だけが残ったのだ、と。そうして朱子は、程伊川《ていいせん》の説を参考にしつつ、自身の「格物致知」の理解に基づき、本文の文体に似せて欠落部分を補ったのでした。この朱子の手になる伝の第五章は、〈格物（致知）について補った伝〉という意味で「格物補伝《かくぶつほでん》」と呼ばれ、朱子の学問方法論のうち知識面の理論を簡潔に述べています。

経典の本文ではありませんが、朱子学では重要な文章なので、以下に全文を紹介します。

所謂《いわゆる》「知《ち》を致《いた》すは物《もの》に格《いた》るに在《あ》り」とは、吾《われ》の知《ち》を致《いた》さんと欲《ほっ》すれば、物《もの》に即《つ》きて其《そ》の理《り》を窮《きわ》むるに在《あ》るを言《い》うなり。蓋《けだ》し人心《じんしん》の霊《れい》なる、知《ち》有《あ》らざるは莫《な》く、而《しか》して天下《てんか》の物《もの》は、理《り》有《あ》らざるは莫《な》し。惟《た》だ理《り》に於《お》いて未《いま》だ窮《きわ》めざる有《あ》り、故《ゆえ》に其《そ》の知《ち》尽《つく》さざる有《あ》るなり。是《ここ》を以《もっ》て大学《だいがく》の始教《しきょう》は、必《かなら》ず学者《がくしゃ》をして凡《およ》そ天下《てんか》の物《もの》に即《つ》きて、其《そ》の已《すで》に知《し》れるの理《り》に因《よ》りて益《ます》ます之《これ》を窮《きわ》め、以《もっ》て其《そ》の極《きょく》に至《いた》るを求《もと》めざる莫《な》からしむ。力《ちから》を用《もち》いるの久《ひさ》しくして、一旦豁然《いったんかつぜん》として貫通《かんつう》するに至《いた》れば、則《すなわ》ち衆物《しゅうぶつ》の表裏精粗《ひょうりせいそ》到《いた》らざるは無《な》く、而《しか》して吾《わ》が心《こころ》の全体大用《ぜんたいたいよう》明《あき》らかならざるは無《な》し。此《これ》を物格《ものいた》ると謂《い》う。此《これ》を知《ち》の至《いた》りと謂《い》う。

いわゆる〔経文にある〕「知《ち》を致《いた》すは物《もの》に格《いた》るに在《あ》り」とは、自分の知識（知）を推《お》し極《きわ》めようとするなら、あらゆる物事《ものごと》についてその〔内にそなわる〕理《り》を窮《きわ》め尽《つ》くす必要がある、と言うのである。思うに、人の心は霊妙で、知的能力の無い者はなく、またこの世界の物事には理を内にそなえないものはない。ただ、〔物事の内にそなわる〕理について十分に窮めていない点があり、そのために知識も推し極められないでいるにすぎない。そういうわけで、大学における最初の教育では、学習者に対して必ず、世界中のあらゆる物事について、既に知っている理をよりどころにしてより一層その理を窮《きわ》め、理の極致に達することを追求させるのである。〔このようにして〕久しく努力を重ねるうちに、ある時パッと目の前が開けて〔個々の物事の理が一つながりに〕貫通〔して真理を把握〕するに至れば、あらゆる物事の表も裏も深遠も卑近もすべてに行き届かないところなく、そして自分の心の〔本来的に〕完全な本体（全体）と〔多くの物事に対処する〕大いなる作用（大用）とが明白に〔認識されることに〕なるのである。これ（あらゆる物事の表も裏も深遠も卑近もすべてに行き届くこと）を「物格《ものいた》る」というのである。これ（自分の心の完全な本体と大いなる作用とが明白に認識されること）

を「知《ち》の至《いた》り」というのである。

この「格物補伝」は、自分の哲学に合うように経典の文章を補うという大胆な行為によって後の学者から批判も受けました。しかし、そこまでして自分の理解によって解釈を一貫させたところに、体系的な学問の構築に対する朱子の強い意志を見て取ることができます。

7 意を誠にするとは（釈誠意）——伝の第六章

所謂《いわゆる》「其《そ》の意《い》を誠《まこと》にす」とは、自《みずか》ら欺《あざむ》く毋《な》きなり。悪臭《あくしゅう》を悪《にく》むが如《ごと》く、好色《こうしょく》を好むが如《ごと》し。此《これ》を之《こ》れ「自《みずか》ら謙《こころよ》くす」と謂《い》う。故《ゆえ》に君子《くんし》は必《かなら》ず其《そ》の独《ひと》りを慎《つつし》むなり。

小人《しょうじん》間居《かんきょ》して不善《ふぜん》を為《な》し、至《いた》らざる所無《ところな》し。君子《くんし》を見《み》て而《しか》して后《のち》厭然《えんぜん》として其《そ》の不善《ふぜん》を揜《おお》いてその善《ぜん》を著《あら》わす。人《ひと》の己《おのれ》を視《み》ること、其《そ》の肺肝《はいかん》を見《み》るが如《ごと》く然《しか》り。則《すなわ》ち何《なん》の益《えき》かあらん。此《これ》を「中《うち》に誠《まこと》なれば外《そと》に形《あら》わる」と謂《い》う。故《ゆえ》に君子《くんし》は必《かなら》ず其《そ》の独《ひと》りを慎《つつし》むなり。

曽子《そうし》曰《いわ》く、「十目《じゅうもく》の視《み》る所《ところ》、十手《じっしゅ》の指《ゆび》さす所《ところ》、其《そ》れ厳《げん》なるかな」と。富《とみ》は屋《おく》を潤《うるお》し、徳《とく》は身《み》を潤《うるお》す。心広《こころひろ》く体胖《たいゆた》かなり。故《ゆえ》に君子《くんし》は必《かなら》ず其《そ》の意《い》を誠《まこと》にす。

◆所謂誠二其意一者、毋二自欺一也。如レ悪二悪臭一、如レ好二好色一。此之謂二自謙一。故君子必慎二其独一也。

小人間居為二不善一、無レ所レ不レ至。見二君子一而后厭然揜二其不善一而著二其善一。人之視レ己、如レ見二其肺肝一然。則何益矣。此謂下誠二於中一形中於外上。故君子必慎二其独一也。

曽子曰、十目所レ視、十手所レ指、其厳乎。

富潤レ屋、徳潤レ身。心広体胖。故君子必誠二其意一。

前に言うところの「其《そ》の意《い》（意識）を誠《まこと》にする」というのは、自分で自分（の本心）を欺《あざむ》いてはいけないということである。（例えば、悪事を憎み嫌うことを、まるで本能的に）悪臭を憎むかのようにし、（また善事を欲し好むことを、まるで本能的に）美しい色を好むかのようにする、このことを「自分自身が心地よく満足する（自《みずか》ら謙《こころよ》くす）」というのである。（自分に誠実か、自分を欺くか、その分かれ目は、自分ひとりだけが知っていることなので〕それで君子《くんし》（人徳のある立派な人）は独《ひと》り（自分だけが知っている境地《きょうち》）を慎《つつし》む（心を真《まこと》にして欺かない）のである。

小人《しょうじん》（徳の無いつまらない人）は、無為に（何もせずに）一人でいると、善くないことをし、どんなことをもしてしまう。〔しかし、そんな小人《しょうじん》も〕ひとたび君子を見て後は、恥ずかしくなって自分の不善《ふぜん》を覆い隠して上辺《うわべ》は善に見せかけようとする。〔しかし〕他人が自分をよく見ていることは、自分の肺や肝臓〔など内臓〕を見透《みす》かしているようなものである。そうだとすれば、〔心の中の不善を覆い隠したところで〕いったい何の役に立とうか。これを「心の中が誠実であれば外に現れる（中《うち》に誠《まこと》なれば外《そと》に形《あら》わる）」というのである。だから君子は必ず自分の独りの境地（心の状態）を慎むのである。

曽子《そうし》が言われた、「〔心の中の不善は覆い隠せず〕多くの目にじっと見られている、多くの指《ゆび》にゆびさされているのだから、まことに厳正で恐るべきものよ」と。

財産は家屋《かおく》をうるわしく立派にし、〔それと同様に〕徳は身体をうるわしく立派にする。〔隠し立てなく恥じるところがないなら〕心は広々と大らかで、〔その結果〕身体もゆったりくつろいでいる。だから君子は必ず自分の意（意識）を誠にするのである。

❖❖❖❖

この伝の第六章は、八条目の「誠意《せいい》（意《い》を誠《まこと》にす）」を解説しています。「格物致知《かくぶつちち》（物《もの》に格《いた》りて知《ち》を致《いた》す）」の次の段階の修養です。

善《よ》い行いができず悪いことをしてしまうのは、往々にして、「何が善か、何が悪か」をわきまえていないからではなく、善いと知りながらできず、悪いとわかっていながらしてしまうのではないでしょうか。善悪の分別がつきながら実行できないのは、自分の本心（本能的にそなわった道徳性）を欺《あざむ》いているのです。「格物致知」によって至善《しぜん》のありか（目標とすべき究極の善）がわかった後に「誠意」すなわち「自分で自分を欺かない」ための修養が置かれるのはそのためです。

「誠意（意を誠にす）」の「意」は、心が動いて働いた状態、つまり「意識」で、身体の主体である「心」（意志）の根底をなすものです。「誠」とは、〈誠の哲学〉を説いた

『中庸』第二十章の「誠《まこと》は天《てん》の道《みち》なり……」以下に詳しく説かれていますが、一言でいうと「あるがままに真実である天地自然の道理《どうり》・摂理《せつり》のあり方」です。朱子《しゅし》は「誠」に「真実無妄《しんじつむぼう》（本当であってデタラメでない）」と注釈しています。和語（やまとことば）の「まこと」も「真事《まこと》（中身のある真実）」の意味で、その反対語は「空事《そらごと》・虚事《そらごと》（上《うわ》辺《べ》だけの見せかけ）」です。つまり「誠意（意を誠にす）」とは、本能的に悪臭を嫌い美しい色を好むように、意識の段階で、自分で自分の本心を欺きごまかすことなく真実に悪を除き善を求めることです。

「誠意（意を誠にす）」のための修養方法が「慎独《しんどく》（独《ひと》りを慎《つつし》む）」です。「独り」とは、自分一人でいる状況に限らず、他人の窺《うかが》い知らない自分だけが知っている境地・心の状態です。「慎む」とは、心を真《まこと》にすることで先の「誠にす」と同じです。つまり「慎独（独りを慎む）」とは、誰の目も届かない自分の心の状況を詳しく点検して悪の芽生《めば》えに気をつけることです。「小人間居《しょうじんかんきょ》して不善《ふぜん》を為《な》す」――人目がなければ何でもしてしまうという小人《しょうじん》のあり方は、「慎独」の対極にあるものです。

朱子《しゅし》は死の三日前までこの誠意《せいい》章（伝の第六章）の注釈に修正を加えていたといいます。ここに説かれる「誠意」「慎独」は行為・実践の基礎をなす大切な修養方法であるため、細心の注意が払われたのでしょう。

江戸後期の儒者佐藤一斎《さとういっさい》（一七七二～一八五九）は「慎独」のための具体的な心がけを次のように述べています。「慎独《しんどく》の工夫《くふう》は当《まさ》に身《み》の稠人広坐《ちゅうじんこうざ》の中《なか》に在《あ》るが如《ごと》きと一般《いっぱん》なるべく、応酬《おうしゅう》の工夫《くふう》は当《まさ》に間居独処《かんきょどくしょ》の時《とき》の如《ごと》きと一般《いっぱん》なるべし」（『言志晩録《げんしばんろく》』）。独《ひと》りを慎《つつし》む場合は、大勢《おおぜい》の人と広間《ひろま》にいるのと同じように心を引き締め、人との交際には一人でゆったり過ごしているかのように心静かに自然体で、ということです。

8　心を正し身を修めるとは（釈正心修身）――伝の第七章

所謂《いわゆる》「身《み》を修《おさ》むるは其《そ》の心《こころ》を正《ただ》すに在《あ》り」とは、心《こころ》に忿懥《ふんち》する所有《ところあ》れば、則《すなわ》ち其《そ》の正《ただ》しきを得《え》ず。恐懼《きょうく》する所有《ところあ》れば、則《すなわ》ち其《そ》の正《ただ》しきを得《え》ず。好楽《こうごう》する所有《ところあ》れば、則《すなわ》ち其《そ》の正《ただ》しきを得《え》ず。憂患《ゆうかん》する所有《ところあ》れば、則《すなわ》ち其《そ》の正《ただ》しきを得《え》ず。

心《こころ》焉《ここ》に在《あ》らざれば、視《み》れども見《み》えず、聴《き》けども聞《き》こえず、食《くら》えども其《そ》の味《あじ》を知《し》らず。

此《これ》を「身《み》を修《おさ》むるは其《そ》の心《こころ》を正《ただ》すに在《あ》り」と謂《い》う。

◆所謂修ㇾ身在ㇾ正二其心一者、心（身）有ㇾ所二忿懥一、則不ㇾ得二其正一。有ㇾ所二恐懼一、則不ㇾ得二其正一。有ㇾ所二好楽一、則不ㇾ得二其正一。有ㇾ所二憂患一、則不ㇾ得二其正㆒。

心不㆑在㆑焉、視而不㆑見、聴而不㆑聞、食而不㆑知㆓其味㆒。

此謂㆔修㆑身在㆑正㆓其心㆒。

前に言うところの「身の行いを修めるにはまず自分の心を正さなければならない」というのは、心に怒りがあれば、〔過度の感情に影響されて心は〕正しい状態（中正・正常）を失う。〔以下、同様に、心に〕恐れおののくことがあれば、〔心は〕正しい状態を失う。好み求めることがあれば、〔心は〕正しい状態を失う。憂い思うことがあれば、〔心は〕正しい状態を失う。〔一身の主体である〕心が〔よそに奪われて〕ここに存在しないとなれば、〔心が身体を統合できないために〕目を凝らしても見えず、耳を澄ましても聞こえず、食べてもその味がわからない。

これを「身を修めるにはまず自分の心を正さなければならない」というのである。

この伝の第七章は、八条目《はちじようもく》の「正心《せいしん》・修身《しゆうしん》（心を正し身を修む）」を解説しています。「心に忿懥《ふんち》する所有《ところあ》れば（心有所忿懥）」の「心」はもともと「身」の字になっていましたが、朱子は「心」に改めるべきだとする先人（程伊川《ていいせん》）の説に従っていますので、ここでは「心」に書き改めました。

❖❖❖❖

身の行いを修めるためには、一身の主体である心（意志）を正常に保たなければなりません。その心が外の物事《ものごと》の影響を受けて、「忿懥《ふんち》（怒り）」「恐懼《きようく》（恐れ）」「好楽《こうごう》（好み）」「憂患《ゆうかん》（憂い）」など過度の感情を発して動揺すると、正常な働きを失ってしまいます。

日本語に「心《こころ》ここに在《あ》らず」という成句（フレーズ）がありますね。「気になることがあって気持が落ち着かず、目の前のことに集中できない」という意味で使われますが、『大学』のこの章が出典です。現代中国語でも「心不在焉」は成句になっています。

身体の主人ともいうべき心が外のものごとに奪われてしまえば、「視《み》れども見《み》えず、聴《き》けども聞《き》こえず」ということになります。「視る」は目を凝らしてじっと見ること、「見る」は目に入ること、英語でいえば「視る＝watch」「見る＝see」です。同様に

「聴く」は耳を澄ましてじっと聞くこと（＝listen）、「聞く」は耳に入ること（＝hear）です。身体をコントロールする心がお留守になれば、目や耳といった器官をいくら駆使しても、機能が空回りして働きません。心の動揺が体調や行動に影響を及ぼすことは誰しも日常生活で経験するところでしょう。身を修める（修身）の前提条件として心を正す（正心）が置かれているわけも感覚としてわかると思います。

『孟子《もうし》』に孔子《こうし》の言葉として、「操《と》れば則《すなわ》ち存《そん》し、舎《す》つれば則《すなわ》ち亡《うしな》う。出入《しゅつにゅう》に時無《ときな》く、其《そ》の郷《きょう》（定まった居場所）を知《し》ること莫《な》きは、惟《こ》れ心《こころ》の謂《い》いか」（告子《こくし》上篇）と見えます。いつも出たり入ったりしてフラフラ居場所の定まらない心の様子をありありと描写しています。心を外に奪われるなと説く本章を理解するのに参考になる言葉です。

■コラム4　王陽明の『大学』説

明代《みん》中期の思想家・王陽明《おうようめい》（一四七二～一五二八）は、聖人となるための学問を探究し、やがて朱子学《しゅしがく》への批判を通して陽明学という新たな学派を立てました。もっとも陽明も初めから朱子学を批判したのではありません。若い頃はむしろ朱子学に忠実で、「誰もが朱子の格物《かくぶつ》（物事の理《り》を窮《きわ》めること）に従えというが、それを実践したことがあるのだろうか。私は本当にやってみた」と体験を語っています。「私（陽明）は友人とともに聖人《せいじん》を目指して、庭先の竹の理を窮《きわ》めることにした。しかし、朝から晩まで竹の理を窮めて三日目、友人は精神衰弱でダウン。『彼は精神力がたりない』と私は続けたが、やはり七日目に病気になってしまった。二人して、『聖人にはなれない、格物する力量がない』と嘆いたのだった。」（『伝習録《でんしゅうろく》』巻下）

このように朱子の格物説と格闘して挫《ざ》折《せつ》した陽明でしたが、三十七歳の時、不正な宦官《かんがん》に抵抗したために辺境の龍場《りゅうじょう》（貴州省）に左遷《させん》され、そこで思想の転機を得ました。衣食住にも事欠《ことか》く苛酷《かこく》な環境で最善を尽くすなか、「聖人がこの場にいたら何をするだろうか」と考え、ある夜、突然に「聖人の道は自分の本性に完全にそなわっている。以前に理を心の外の物事《ものごと》に求めたのは誤りだった」と気づき、「格物致知」の意味を悟ったのでした。「心即理《しんそくり》（心には天理《てんり》がそっくりそなわっている）」という陽明学の核心をつかんだこの体験を「龍場の大悟《たいご》」といいます。さらに陽明は、先《さき》に知識を得て後《あと》に行動すべきだとする朱子学の「知《ち》先《せん》行後《こうご》」を批判して、知ることと行うこととは一体で分けられないと説き「知《ち》行合《こうごう》一《いつ》」を唱えました。

『大学』は、朱子と陽明にとって学問の土台となる重要な経典でした。ですから、『大学』に対する見方に両者の違いがはっきり表われています。朱子の『大学章《だいがくしょう》句《く》』は、『大学』の本文を筋の通るように整理して注釈を施し、「格物致知」を解説した伝の第五章を補ったものです。朱子は死の直前までそれに修正を加えたという、まさに一生の精力を傾けた著述でした。これに対し陽明は、『大学』は『礼記《らいき》』の一篇として収められた原本のままで意味は通じるとし、朱子の『大学章句』を否定して『古本大学《こほんだいがく》』を刊行、『古本大学旁注《ぼうちゅう》』や『大学問《だいがくもん》』を著わして自身の『大学』解釈を示しました。

王陽明肖像（『三才図会』）

『大学』本文の解釈も大きく異なります。朱子は「格物致知」を「物に格《いた》りて知を致す（物事の理を窮めて自分の知識を推し極める）」と解釈しましたが、陽明は「格物」を「物を格《ただ》す（心のなかの物事を正す）」の意味とし、「知を致す」を「良知《りょうち》を致《いた》す（良知を実現する）」と解釈しました。「良知」とは『孟子《もうし》』尽心《じんしん》上篇に「慮《おもんぱか》らずして知る所の者《もの》は其《そ》の良知《りょうち》なり」とある言葉で、陽明はこれを〈心の本体をなす、正しく判断し行動する本能的な道徳性〉といった意味ととらえました。このように陽明は「心即理」の立場から、朱子の知的な解釈を否定し、「心を正して悪を去り善を行い、本能的な道徳性を実現する」という行動的な意味に読みなおしたのです。

また三綱領《さんこうりょう》の「親民《しんみん》」についても両者の解釈は異なります。朱子は原本の「親民」を「新民」に改め、「民《たみ》を新《あら》たにす（民衆を革新させる）」ととらえましたが、陽明は原本のまま「民《たみ》を親《した》しむ（民衆を親しみ愛する）」と解釈しています。自分と万物とは一体であり、他者の痛みを自分の痛みとして思いやらねばならない、として陽明は「万物一体《ばんぶついったい》の仁《じん》」を説きました。「親民」の解釈にはその思想が反映されています。

9　身を修め家を斉《ととの》えるとは（釈修身斉家）――伝の第八章

所謂《いわゆる》「其《そ》の家《いえ》を斉《ととの》うるは其《そ》の身《み》を修《おさ》むるに在《あ》り」とは、人《ひと》は其《そ》の親愛《しんあい》する所《ところ》に之《おい》て辟《へき》す。其《そ》の賤悪《せんお》する所《ところ》に之《おい》て辟《へき》す。其《そ》の畏敬《いけい》する所《ところ》に之《おい》て辟《へき》す。其《そ》の哀矜《あいきょう》する所《ところ》に之《おい》て辟《へき》す。其《そ》の敖惰《ごうだ》する所《ところ》に之《おい》て辟《へき》す。故《ゆえ》に好《この》みて其《そ》の悪《あく》を知《し》り、悪《にく》みて其《そ》の美《び》を知《し》る者《もの》は、天下《てんか》に鮮《すくな》し。

故《ゆえ》に諺《ことわざ》に之《こ》れ有《あ》り、曰《いわ》く、「人《ひと》は其《そ》の子《こ》の悪《あく》を知《し》ること莫《な》く、其《そ》の苗《なえ》の碩《おお》いなるを知《し》ること莫《な》し」と。

此《これ》を「身《み》修《おさ》まらざれば以《もっ》て其《そ》の家《いえ》を斉《ととの》うべからず」と謂《い》う。

◆所謂斉二其家一在レ修二其身一者、人之三其所二親愛一而辟焉。之三其所二賤悪一而辟焉。之三其所二畏敬一而辟焉。之三其所二哀矜一而辟焉。之三其所二敖惰一而辟焉。

故好而知㆓其悪㆒、悪而知㆓其美㆒者、天下鮮矣。

故諺有㆑之曰、人莫㆑知㆓其子之悪㆒、莫㆑知㆓其苗之碩㆒。

此謂㆓身不㆑修不㆑可㆔以斉㆓其家㆒。

前に言うところの「自分の家を整えるには自分の身を修めなければならない」というのは、多くの人は〔相手に対する感情に流されて適切な対応ができず〕自分が親しみ愛する相手には〔親しみ愛することに〕偏《かたよ》る。自分が賤《いや》しみ悪《にく》む相手には〔賤《いや》しみ悪《にく》むことに〕偏る。自分が畏《おそ》れ敬《うやま》う相手には〔畏《おそ》れ敬《うやま》うことに〕偏る。自分が哀れみ矜《かな》しむ相手には〔哀れみ矜《かな》しむことに〕偏る。自分が敖《おご》り惰《あなど》る相手には〔敖《おご》り惰《あなど》ることに〕偏る。だから、相手を好きでありながら同時にその短所をも知り、相手を嫌いでありながら同時にその長所をも知るという人は、世界でもめったに無いのである。

だから諺《ことわざ》にこうある、「人は〔愛情に目が眩《くら》んで〕我が子の欠点がわからず、〔欲望に目が眩んで〕自分の畑の苗の大きいことがわからない」と。〔このように家長が感情に流されて見方が偏れば、家族に適切な対応ができない。」

これを「身が修まらなければ自分の家を整えることはできない」というのである。

❖❖❖❖

この伝の第八章は、八条目の「修身《しゅうしん》・斉家《せいか》（身を修め家を斉《ととの》う）」を解説しています。

現存する最古の漢字字書である『説文解字《せつもんかいじ》』（紀元一〇〇年）によると、「斉家（家《いえ》を斉《ととの》う）」の「斉」は、「稲や麦が穂を出して上が平らにととのった様子」をもとの意味とする象形字《しょうけいじ》で、「ものが並んで凸凹なく平らにそろっていること」を表します。「家」は家族の意味ですが、夫婦と子供とからなる小家族（核家族）ではなく、父方《ちちかた》の本家《ほんけ》と分《ぶん》家《け》とを合わせた大家族のことです。

家族の構成メンバーは目上《めうえ》・目下《めした》、年長《ねんちょう》・年少《ねんしょう》、直系《ちょっけい》・傍系《ぼうけい》など実に様々です。このような一家を仲違《なかたが》いしないように整えてまとめられるかどうかは、詰《つ》まるところ、家長《かちょう》（家族のリーダー）が好き嫌いなどの感情に流されず、冷静に正しくものを見て、十人十色の家族に公平に対応できるかどうか、家長の正しい身の処し方――「修身」にかかっているのです。

「人《ひと》は其《そ》の親愛《しんあい》する所《ところ》に之《おい》て辟《へき》す」の「辟」は「僻」と同じ意味で、「僻」は「僻地《へきち》（都会から遠く離れた辺鄙《へんぴ》な土地）」という言葉があるように、「中心から外《はず》れている、偏《かたよ》っている」という意味です。「人間は感情の動物」といわれるように、他者に対して「親愛」の情をはじめ「賤悪《せんお》（賤《いや》しみ悪《にく》む）」「畏敬《いけい》（畏《おそ》れ敬《うやま》う）」「哀矜《あいきょう》（哀《あわ》れみ矜《かな》しむ）」「敖惰《ごうだ》（敖《おご》り惰《あなど》る）」などの感情を抱くことは避けられません。かといって感情に流されて見方が偏ってしまっては公平な対応ができません。そこで必要なのが「好《この》みて其《そ》の悪《あく》を知り、悪《にく》みて其《そ》の美《び》を知《し》る」ということ、感情は抱きながらも短所・長所を認識するという冷静で公正な見方です。

日本語に「子《こ》ゆえの闇《やみ》」ということわざがあります。我が子を愛する余り、まるで闇の中を踏み迷うかのように思慮分別を失う親心をいいます。本章に引くことわざ「人《ひと》は其《そ》の子《こ》の悪《あく》を知《し》ること莫《な》し（親の欲目で我が子の短所がわからない）」と通じますね。

また諺の後半「其《そ》の苗《なえ》の碩《おお》いなるを知《し》ること莫《な》し」は、自分の畑の苗が十分に大きいのに、「もっと大きく」という欲に目が眩《くら》んで、実際より小さく見えることをいいます。『孟子《もうし》』公孫丑《こうそんちゅう》上篇に、自分の畑の苗の成長を助けようと、苗を引いて回って枯らしてしまった愚か者のお話があります。「助長《じょちょう》」という故事成語の出典ですが、欲望のために正常な判断ができなかった例とも言えそうです。

10　家を斉《ととの》え国を治めるとは（釈斉家治国）——伝の第九章

所謂《いわゆる》「国《くに》を治《おさ》むるには必《かなら》ず先《ま》ず其《そ》の家《いえ》を斉《ととの》う」とは、其《そ》の家《いえ》教《おし》うべからずして、能《よ》く人《ひと》を教《おし》うる者《もの》は之《こ》れ無《な》し。故《ゆえ》に君子《くんし》は家《いえ》を出《い》でずして、教《おし》えを国《くに》に成《な》す。孝《こう》は君《きみ》に事《つか》うる所以《ゆえん》なり。弟《てい》は長《ちょう》に事《つか》うる所以《ゆえん》なり。慈《じ》は衆《しゅう》を使《つか》う所以《ゆえん》なり。

康誥《こうこう》に曰《いわ》く、「赤子《せきし》を保《やす》んずるが如《ごと》し」と。心誠《こころまこと》に之《これ》を求《もと》むれば、中《あた》らずと雖《いえど》も遠《とお》からず。未《いま》だ子《こ》を養《やしな》うを学《まな》びて、而《しか》る后《のち》に嫁《か》する者《もの》は有《あ》らざるなり。

一家《いっか》仁《じん》なれば一国《いっこく》仁《じん》に興《おこ》り、一家《いっか》譲《じょう》なれば一国《いっこく》譲《じょう》に興《おこ》る。一人《いちにん》貪《たん》戻《れい》なれば一国《いっこく》乱《らん》を作《な》す。其《そ》の機《き》此《か》くの如《ごと》し。此《これ》を「一言《いちげん》事《こと》を僨《やぶ》り、一《いち》人《にん》国《くに》を定《さだ》む」と謂《い》ふ。

堯舜《ぎようしゆん》天下《てんか》を帥《ひき》いるに仁《じん》を以《もつ》てして、民之《たみこれ》に従《したが》う。桀紂《けつちゆう》天下《てんか》を帥《ひき》いるに暴《ぼう》を以《もつ》てして、民之《たみこれ》に従《したが》う。其《そ》の令《れい》する所《ところ》其《そ》の好《この》む所《ところ》に反《はん》して民従《たみしたが》わず。是《こ》の故《ゆえ》に君子《くんし》は諸《これ》を己《おのれ》に有《ゆう》して、而《しか》る後《のち》に諸《これ》を人《ひと》に求《もと》む。諸《これ》を己《おのれ》に無《な》くして、而《しか》る後《のち》に諸《これ》を人《ひと》に非《そし》る。身《み》に蔵《おさ》むる所《ところ》恕《じよ》ならずして、能《よ》く諸《これ》を人《ひと》に喩《さと》す者《もの》は、未《いま》だ之《こ》れ有《あ》らざるなり。故《ゆえ》に国《くに》を治《おさ》むるは其《そ》の家《いえ》を斉《ととの》うるに在《あ》り。

詩《し》に云《いわ》く、「桃《もも》の夭夭《ようよう》たる、其《そ》の葉《は》蓁蓁《しんしん》たり。之《こ》の子《こ》于《ここ》に帰《とつ》ぐ、其《そ》の家人《かじん》に宜《よろ》しからん」と。其《そ》の家人《かじん》に宜《よろ》しくして、而《しか》る後《のち》に以《もつ》て国人《こくじん》を教《おし》うべし。

詩《し》に云《いわ》く、「兄《けい》に宜《よろ》しく弟《てい》に宜《よろ》し」と。兄《けい》に宜《よろ》しく弟《てい》に宜《よろ》しくして、而《しか》る後《のち》に以《もつ》て国人《こくじん》を教《おし》うべし。

詩《し》に云《いわ》く、「其《そ》の儀《ぎ》忒《たが》わず、是《こ》の四国《しこく》を正《ただ》す」と。其《そ》の父子兄弟《ふしけいてい》たること法《のっと》るに足《た》りて、而《しか》る後《のち》に民之《たみこれ》に法《のっと》るなり。此《これ》を「国《くに》を治《おさ》むるは其《そ》の家《いえ》を斉《ととの》うるに在《あ》り」と謂《い》う。

◆所謂治レ国必先斉二其家一者、其家不レ可レ教、而能教レ人者無レ之。故君子不レ出レ家、而成二教於国一。孝者、所コ以事レ君也。弟者、所コ以事レ長也。慈者、所コ以使レ衆也。

康誥曰、如レ保二赤子一。心誠求レ之、雖レ不レ中不レ遠矣。未レ有二学レ養レ子、而后嫁者一也。

一家仁、一国興レ仁、一家譲、一国興レ譲。一人貪戻、一国作レ乱。其機如レ此。此謂二一言僨レ事、一人定レ国。

堯舜帥二天下一以レ仁、而民従レ之。桀紂帥二天下一以レ暴、而民従レ之。其所レ令反二其所レ好、而民不レ従。是故君子有二諸己一、而后求二諸人一。無二諸己一、而后非二諸人一。所レ蔵二乎身一不レ恕、而能喩二諸人一者、未二之有一也。故治レ国在レ斉二其家一。

詩云、桃之夭夭、其葉蓁蓁。之子于帰、宜二其家人一。宜二其家人一、而后可三以教二国人一。

詩云、宜レ兄宜レ弟。宜レ兄宜レ弟、而后可三以教二国人一。
詩云、其儀不レ忒、正二是四国一。其為二父子兄弟一足レ法、而后民法レ之也。
此謂二治レ国在レ斉二其家一。

前に言うところの「国を治めるには必ずまず自分の家族をまとめ整えなければならない」とは、〔家族と国家とは別物ではないので〕その家族を教えられないのに、〔国の〕人々を教え導ける者などない。だから君子《くんし》は家の外に出ないで〔家族道徳の実践を外へ推し広げることによって〕、教化を国全体に成し遂げる。親への孝《こう》は君主に仕える方法でもあり、目上への悌《てい》（従順さ）は年長者に仕える方法でもあり、目下への慈《じ》（恵み深さ）は民衆を使役する方法でもある。康誥《こうこう》（『書経《しょきょう》』周書《しゅうしょ》の一篇）に「〔君主が民を慈しむのは〕赤ん坊を保育するようなものだ」と述べられている。〔母親が赤ん坊を育てる場合〕真心を尽くして〔赤ん坊が何を望んでいるのか知ろうと〕求めたなら、的中しないまでもさほど的外《まとはず》れではない。〔大切なのは子を思う親心であって〕誰も子育ての方法を学ん

でから嫁《とつ》ぐものなどないのだ。〔国家統治の根本は親心と同じである。〕

一家が仁愛の徳（仁《じん》）にあふれると一国が仁に奮い立ち、一家が謙譲《けんじょう》の徳（譲《じょう》）にあふれると一国が譲に奮い立つ。〔逆に上に立つ者〕一人が貪欲《どんよく》で非道ならば一国が騒乱を起こす。〔家庭が国家に影響する〕その原因（微妙なポイント）はこのとおりである。これを「〔上に立つ者の〕一言《ひとこと》が事業を覆《くつがえ》しもし、一身《いっしん》が国を安定させもする」というのである。

堯《ぎょう》・舜《しゅん》（伝説的な聖王）は天下を統率するのに仁徳によったので、民衆はそれに従って仁徳を行った。〔逆に〕桀《けつ》・紂《ちゅう》（桀は夏《か》王朝最後の王、紂は殷《いん》王朝最後の王で、ともに暴君《ぼうくん》）は天下を統率するのに暴虐によったので、民衆はそれに従って暴虐を行った。〔このように民衆は上に立つ者の好みに従うものであるから〕上からくだされる命令が上に立つ者の好みに反する場合、民衆はそんな命令に従わない。こういうわけで、〔善を勧める場合〕君子はまず自分の身にそれ（善）をそなえて、そうしてはじめて他人にそれ（善）を要求する。〔悪を除く場合、君子は〕まず自分の身からそれ（悪）を無くして、そうしてはじめて他人にそれ

（悪）を非難する。自分の身に思いやり（恕《じょ》）をそなえてもいないのに、他人に〔他者を思いやれと〕教え諭《おしさと》せるような者は、これまで存在したことはない。だから、国を治めるには自分の家を整えなければならないのである。

『詩経《しきょう》』（周南《しゅうなん》・桃夭篇《とうよう》）に言う、「桃の木は若く美しく、その葉は青々と生い茂る。〔その桃のように若く美しい〕この娘がこうして嫁いでゆけば、その家族と仲良くできるだろう」と。〔この詩のように、人の上に立つ君子も〕その家族と仲良くしてこそ、国の人民を教え導くことができる。

『詩経』（小雅《しょうが》・蓼蕭篇《りくしょう》）に言う、「兄と仲良く、弟と仲良く」と。〔この詩のように、人の上に立つ君子も〕兄と仲良くし弟と仲良くしてこそ、国の人民を教え導くことができる。

『詩経』（曹風《そうふう》・鳲鳩篇《しきゅう》）に言う、「君子の模範は乱れなく、四方の国々を正しくする」と。〔この詩のように、君子は家庭で〕父となり子となり兄となり弟となって〔いずれの立場でも他人の〕模範となるに足りてこそ、〔国において〕民衆がそれを模範と仰ぐのである。

これを「国を治めるには自分の家を整えなければならない」というのである。

❖❖❖❖

この伝の第九章は、八条目の「斉家《せいか》・治国《ちこく》（家を斉《ととの》え国を治《おさ》む）」を解説しています。「治国（国を治む）」の「国」とは、天下を治める周王から土地と民衆とを与えられた諸侯《しょこう》（日本でいう大名《だいみょう》）が治める国（日本の藩《はん》）です。諸侯の国は君主の一族のほか卿《けい》（大臣）・大夫《たいふ》（重臣）・士《し》（下級官僚）・庶民《しょみん》といった様々な構成員（メンバー）から成り、その統治には法制・経済・軍事など多くの要素が複雑に絡みあいますが、何よりも必要なのが「家」をまとめることとされました。

儒教が理想とする最高の徳は仁《じん》（普遍《ふへん》的な人間愛）です。しかし、「孝弟《こうてい》は其《そ》れ仁《じん》の本《もと》たるか」（『論語《ろんご》』学而《がくじ》篇）とあるように、その根本にあるのは孝悌《こうてい》（親・兄弟への愛情・敬意）です。キリスト教が神の博愛《はくあい》を、仏教が仏《ほとけ》の慈悲《じひ》を理想とするのに対して、儒教の愛は家族愛を基礎にしており、その意味で儒教は「家族の教え」と言えます。

家族愛を根本にすえる儒教にとっては、もともと国よりも家族が大切でした。しかし儒教の勢力が拡大して国を治める教えとして整備される中で、家族と国家との関連づけがなされていきました。そこで生まれたのが、「親《おや》に孝行《こうこう》な者は君主《くんしゅ》にも忠義《ちゅうぎ》である」という論理による家族道徳と君臣《くんしん》道徳との結合でした。こうして家族道徳であった孝を天子・諸侯・卿・大夫・士・庶民を貫く社会性をもった普遍の道理として理論化したのが『孝経《こうきょう》』です。

その『孝経』に「君子が親にお仕えする仕方は孝、（孝と忠とは敬意において共通するので）よって忠義を君主に向けることができる。兄にお仕えする仕方は悌（年長者への敬愛）、よって従順さを上司に向けることができる（君子《くんし》の親《おや》に事《つか》えて孝《こう》、故《ゆえ》に忠《ちゅう》君《きみ》に移《うつ》すべし。兄《あに》に事《つか》えて悌《てい》、故《ゆえ》に順《じゅん》長《ちょう》に移すべし）」（広揚名《こうようめい》章）とあります。本章の「孝《こう》は君《きみ》に事《つか》うる所以《ゆえん》なり。弟《てい》は長《ちょう》に事《つか》うる所以《ゆえん》なり」もまさにそれと同じ論理で、家族道徳と君臣道徳（社会道徳）との一貫を述べているのです。

このように儒教は、家と国とを連続するものと見ました。それゆえに理想の国や天下は、家長を中心とする大家族を拡大した形でイメージしています。理想の国家が家族をモデルにしていますから、慈愛に満ちた父母が理想の君主像となります。民を慈しむ君主を、本章で「赤子《せきし》を保《やす》んずるが如《ごと》し」と述べ、次章で「民《たみ》の父母《ふぼ》」と称《たた》えるのも、そのためです。

「中《あた》らずと雖《いえど》も遠《とお》からず」は、「的中はしていないが、さほど見当外《けんとうはず》れでもない」という意味のことわざとして知られていますが、『大学』のこの章が出典で、もとは赤ん坊を思う母心について述べた言葉です。

■コラム5　帝王学の教科書から現実政治の書へ

『大学《だいがく》』を四書《ししょ》の一つとして経典の地位に押し上げた朱子《しゅし》は、官僚として皇帝へ提出する意見書の中でもしばしば『大学』にもとづく発言をしました。たとえば、「陛下の心は天下の大本《おおもと》、陛下みずからが心を正せば天下の政治すべてが正されます」と。この主張のもとにあるのは「正心《せいしん》（心を正す）」が「治国《ちこく》、平天下《へいてんか》（国を治め、天下を平和にする）」へつながるとする『大学』の思想です。

朱子は『大学』の理想を政治に活《い》かそうとしましたが、この精神を受け継いで『大学』を基礎に〈帝王学の教科書〉を著わしたのが、朱子の孫弟子に当たる真《しん》徳秀《とくしゅう》（一一七八〜一二三五）でした。

「『大学』は天下に君《きみ》たる者の律令格例《りつりょうかくれい》（法令集）のようなものだ」、こう考えた真徳秀は『大学衍義《だいがくえんぎ》』四十三巻を著わし、端平元年（一二三四年）、皇帝へ献上しました。「衍義」とは「意味を詳しく説明する」ことで、『大学衍義』はその名のとおり、儒教経典や歴史書から資料を集めて『大学』の教えを詳細に説明し、さらに自身の意見を述べたものです。

この書の特徴は、全体の構成によく現われています。はじめの政治・学問についての総論に続き、「格物致知之要《かくぶつちちのよう》」「誠意正心之要《せいいせいしん》」「修身之要《しゅうしん》」「斉家之要《せいか》」という四つの項目が立てられています。これが『大学』の八条目《はちじょうもく》「格物・致知・誠意・正心・修身・斉家・治国・平天下」に基づくことは明らかです。

ただ、おかしいと思いませんか。皇帝の教科書に「治国《ちこく》」「平天下《へいてんか》」に関する項目がありません、なぜでしょう。

真徳秀はその理由をこう述べています。「〔格物致知、誠意正心、修身、斉家の〕四者の道が修得されれば、治国・平天下はおのずとその中にそなわっている」と。つまり皇帝が、道理に通じ、心意を正し、身を修め、そして宮廷を整えれば、国・天下の安定平和はおのずと実現されるというのです。

その後、元の時代になっても『大学衍義』はモンゴル語に翻訳されたり、皇帝に講義されたりして帝王学の書として尊重され、明の時代に入っても受け継がれました。

しかし、為政者《いせいしゃ》が高い倫理性《りんりせい》をそなえることは理想ですが、それで現実の政治問題が解決できるとすれば楽観に過ぎるでしょう。多くの難しい問題を抱える時代ならなおさらです。

実際、明の中期になると、北方のモンゴル族の侵入、各地の民衆反乱など内憂《ないゆう》外患《がいかん》に苦しみ、為政者により現実的な知識・能力が求められることになりました。こうした時代の要求に応《こた》えて生まれた〈現実政治の書〉が丘濬《きゅうしゅん》（一四二〇〜一四九五）の『大学衍義補《だいがくえんぎほ》』一六〇巻です。

皇帝へ『大学衍義』を講義した丘濬は、それに「治国」「平天下」の項目が欠けているのを残念に思って「治国平天下之要」を補い、成化二十三年（一四八七年）皇帝に献上しました。この「治国平天下之要」の項目のもと、官制・民生・経済・儀礼・祭祀《さいし》・教育・土木・法律・軍備・防衛など、現実の政治の様々な問題を取り上げ、極めて具体的な議論を行っています。『大学衍義』が理念の書とすれば、『大学衍義補』は現実の書といえるでしょう。

このように『大学』は、政治倫理や現実の政策論に基本的な枠組みを与える重要な役割を果たしてきたのでした。

11 国を治め天下を平らかにするとは（釈治国平天下）――伝の第十章

『大学』最後の章となるこの伝の第十章は、八条目《はちじようもく》の「治国《ちこく》・平天下《へいてんか》（国を治め天下を平らかにす）」を解説しています。冒頭の「絜矩《けっく》の道《みち》」すなわち思いやりによる政治を基調として、『詩経《しきよう》』『書経《しよきよう》』や古言を多く引用しながら、〈好悪の感情に任せる危うさ〉や〈財利ではなく徳義を本務とすることの大切さ〉を繰り返し説いています。

とりわけ、財務・財用を二次的なものと位置づけながらも、経世済民《けいせいさいみん》（世《よ》を経《おさ》め民《たみ》を済《すく》う）のための政治や経済の議論を展開するところに特色があり、後世の儒者による経世論（政治経済論）の原型となりました（コラム5・6参照）。

この章は『大学』全体の約四割を占める長い章ですので、全体を主題ごとに区切って読んでいきます。

絜矩《けっく》の道

所謂《いわゆる》「天下《てんか》を平《たい》らかにするは其《そ》の国《くに》を治《おさ》むるに在《あ》り」とは、上《かみ》老《ろう》を老《ろう》として民《たみ》孝《こう》に興《おこ》り、上《かみ》長《ちょう》を長《ちょう》として民《たみ》弟《てい》に興《おこ》り、上《かみ》孤《こ》を恤《あわ》れみて民《たみ》倍《そむ》かず。是《ここ》を以《もっ》て君子《くんし》は絜矩《けっく》の道《みち》有《あ》るなり。

上《かみ》に悪《にく》む所《ところ》、以《もっ》て下《しも》を使《つか》う毋《な》かれ。下《しも》に悪《にく》む所《ところ》、以《もっ》て上《かみ》に事《つか》うる毋《な》かれ。前《まえ》に悪《にく》む所《ところ》、以《もっ》て後《うし》ろに先《さき》だつ毋《な》かれ。後《うし》ろに悪《にく》む所《ところ》、以《もっ》て前《まえ》に従《したが》う毋《な》かれ。右《みぎ》に悪《にく》む所《ところ》、以《もっ》て左《ひだり》に交《まじ》わる毋《な》かれ。左《ひだり》に悪《にく》む所《ところ》、以《もっ》て右《みぎ》に交《まじ》わる毋《な》かれ。此《これ》を之《こ》れ「絜矩《けっく》の道《みち》」と謂《い》う。

◆所謂平二天下一在レ治二其国一者、上老レ老而民興レ孝、上長レ長而民レ興弟、上恤レ孤而民不レ倍。是以君子有二絜矩之道一也。
所レ悪二於上一、毋二以使一レ下。所レ悪二於下一、毋二以事一レ上。所レ悪二於前一、毋二以

先レ後。所レ悪二於後一、毋二以従レ前。所レ悪二於右一、毋三以交二於左一。所レ悪二於左一、毋三以交二於右一。此之謂二絜矩之道一。

前にいうところの「世界を平和にするには自分の国を治めなければならない」というのは、上に立つ君子《くんし》が〔自分の一族の〕老人を老人として敬い養えば、民衆は〔感動しそれに倣って〕孝《こう》に励み立ち、上に立つ君子が〔自分の一族の〕年長者を年長者として敬えば、民衆は〔感動しそれに倣って〕弟《てい》〔従順〕に励み立ち、上に立つ君子が〔自分の一族の〕孤児《みなしご》を恤《あわ》れみ救えば、民衆は〔君子の慈《いつく》しみに感動して〕背き離れることはない。こういうわけで君子には絜矩《けっく》の道〔思いやりを政治に実現する方法〕があるのである。

上司に対して嫌だと思ったことは、〔その時の心で部下の心を推し測って〕同じように部下を使ってはいけない。部下に対して嫌だと思ったことは、〔その時の心で上司の心を推し測って〕同じように上司に仕えてはいけない。前を行く人に対して嫌だと思ったことは、同じ仕方で後から来る人の前を行ってはいけない。

後ろから来る人に対して嫌だと思ったことは、同じ仕方で前を行く人の後に付いてはいけない。右隣に対して嫌だと思ったことは、同じ仕方で左隣と交際してはいけない。左隣に対して嫌だと思ったことは、同じ仕方で右隣と交際してはいけない。〔自分がこのようにすれば他者はそれに感動し奮起し、全体が整い正しくなる。〕これを「絜矩の道」というのである。

❖　❖　❖　❖

『大学』の経世論《けいせいろん》の冒頭に説かれるのが、「忠恕《ちゅうじょ》」とともに儒教の倫理思想として知られる「絜矩《けっく》の道《みち》」で、本章の議論の基調となっています。「絜矩」の「絜」は、ひもをものさしにして長さを測るという意味。「矩」は直角を測る曲尺《かねじゃく》を指し、方正にする（きちんと正す）という意味で、訓読すれば「絜《はか》り矩《ただ》す」となります。自分も他人も同じ人ですから、心に思い感じる喜怒哀楽や好悪の情に大きな違いはありません。誰しも人として認められたいですし、いじめられるのは嫌です。そういう心の共通性を基盤として、自分の心をものさしにして他者の心を推し量り、曲尺で直角を測るように、国や天下をきっちりと整え正す、この思いやりによる政治の方法を「絜矩の道」と言います。

自分がしてもらって嬉《うれ》しいことは他人にも施し、自分がされて嫌なことは他人にしない、この自分の心を基準として行う行為は、他人を感動・発奮させ、それが国や天下に波及して全体がきっちりと正されるというわけです。

この「絜矩の道」と同じ「思いやり」の倫理説が「忠恕」で、『中庸《ちゆうよう》』にも「忠恕《ちゆうじよ》は道《みち》を違《さ》ること遠からず。諸《これ》を己《おのれ》に施《ほどこ》して願《ねが》わざれば、亦《ま》た人《ひと》に施《ほどこ》すこと勿《なか》れ」（第十三章）と見えます（本書185頁）。

さて、この「絜矩の道」ですが、近代になって西洋の「自由」の観念が中国社会に紹介されたとき、中国の伝統思想の中で「自由」に近い考え方としてその価値が再発見されました。ジョン・スチュアート・ミル（John Stuart Mill 一八〇六〜一八七三）の『自由論』をいち早く中国に紹介した厳復《げんぷく》（一八五三〜一九二一）は、ミルの『自由論』の訳書『群己権界論《ぐんきけんかいろん》』（一九〇三年）の中で次のような自由観を述べています。「自分も他人も自由である。もし自由が無制限ならば、互いに衝突する。だから自分の自由は他人の自由をもって限界とする。これこそ『大学』の絜矩の道であり、君子はこれによって平天下を実現するのである」（訳凡例）。人は誰しも自由を望みますが、みなが自由を追求するだけでは争いが生じます。みなが可能な限り自由であるためには、一定の調整が必要です。厳復は「絜矩の道」に相手の自由を互いに認め合う調整のはたらきを見出《みいだ》したのでした。

辟《へき》すれば則ち天下の僇《りく》となる——私情による好悪の戒め

詩《し》に云《いわ》く、「楽《たの》しき君子《くんし》は民《たみ》の父母《ふぼ》」と。民《たみ》の好《この》む所《ところ》は之《これ》を好《この》み、民《たみ》の悪《にく》む所《ところ》は之《これ》を悪《にく》む。此《これ》を之《こ》れ「民《たみ》の父母《ふぼ》」と謂《い》う。

詩《し》に云《いわ》く、「節《せつ》たる彼《か》の南山《なんざん》、維《こ》れ石《いし》巌巌《がんがん》たり。赫赫《かくかく》たる師《し》尹《いん》、民《たみ》具《とも》に爾《なんじ》を瞻《み》る」と。国《くに》を有《たも》つ者《もの》は以《もっ》て慎《つつし》まざるべからず。辟《へき》すれば則《すなわ》ち天下《てんか》の僇《りく》となる。

詩《し》に云《いわ》く、「殷《いん》の未《いま》だ師《もろもろ》を喪《うしな》わざるや、克《よ》く上帝《じょうてい》に配《はい》す。儀《よろ》しく殷《いん》に監《かんが》みるべし。峻命《しゅんめい》易《やす》からず」と。衆《しゅう》を得《う》れば則《すなわ》ち国《くに》を得《え》、衆《しゅう》を失《うしな》えば則《すなわ》ち国《くに》を失《うしな》うを道《い》う。

◆詩云、楽只君子、民之父母。民之所レ好好レ之、民之所レ悪悪レ之。此之謂ニ民之父母一。

詩云、節彼南山、維石巌巌。赫赫師尹、民具爾瞻。有レ国者不レ可ニ以不一レ慎。辟則為ニ天下僇一矣。

詩云、殷之未レ喪レ師、克配ニ上帝一。儀レ監ニ於殷一。峻命不レ易。道ニ得レ衆則得レ国、失レ衆則失一レ国。

『詩経《しきょう》』（小雅《しょうが》・南山有台《なんざんゆうたい》篇）に言う、「楽しき君子《くんし》は、民の父母」と。〔絜矩《けつく》の道により、我が心で民衆の心を推し測ることにより〕民衆が好むものを好み、民衆の嫌うものを嫌う。〔民衆を我が子のように愛し、民衆に父母のように愛される君子〕これを「民の父母」というのである。

『詩経』（小雅・節南山《せつなんざん》篇）に言う、「高く険しい彼《か》の南山《なんざん》、岩が重なりそそり立つ。〔そのように厳《いか》めしい〕権勢の盛んな太師《たいし》（大臣）の尹《いん》氏よ、〔悪政に苦しむ〕民はみな共にあなたを見上げている」と。国を治める者は慎重であらねばならない。〔絜矩の道によらず、感情に任せて〕偏った政治を行えば、やがては世界中の人々から殺戮《さつりく》されることになる。

『詩経』（大雅《たいが》・文王篇《ぶんのう》）に言う、「殷の国がまだ民衆の心を失わなかった時、〔殷の王は天下の君主となり、その徳は〕天の上帝と並び称《たた》えられた。〔しかし、紂王《ちゅうおう》の暴政で殷は滅亡した。殷に代わって天命を受けた周《しゅう》王朝は、〕殷を鑑《かがみ》（反省材料）にしてみずからを戒めるがよかろう。大いなる天命を保つのは容易ではない」と。民衆の心を得たなら国を保持でき、民衆の心を失ったなら国を滅ぼすと言うのである。〔国を保持するものは、絜矩の道によって民と心を合わせることを怠るわけにはゆかない。〕

❖　❖　❖　❖

この一段は『詩経《しきょう》』の詩三篇からの引用を根拠にして議論を展開しています。まず小雅《しょうが》・南山有台篇《なんざんゆうたい》の「楽しき君子は、民の父母」とは、前章でみたように、慈愛に満ちた父母のような理想の君主の姿です。「民《たみ》の好む所《ところ》は之《これ》を好み、民《たみ》の悪《にく》む所《ところ》は之《これ》を悪《にく》む」というと、いわゆる大衆迎合主義《たいしゅうげいごう》（ポピュリズム）のようですが、心は共通という考えにもとづいて相手の身になる「絜矩《けっく》の道」による共感であって、単に人気取りのために大衆の好みを迎えるのとは異なります。

次の小雅《しょうが》・節南山篇《せつなんざん》に「赫赫《かくかく》たる師尹《しいん》、民具《たみとも》に爾《なんじ》を瞻《み》る」と歌われる「師尹」は、周《しゅう》王室の大臣である三公《さんこう》（太師《たいし》・太傅《たいふ》・太保《たいほ》）の一人、太師を務める尹氏《いんし》を指しています。その祖先の尹吉甫《いんきつぽ》は、西周《せいしゅう》の中興の祖である宣王《せんおう》に仕えた賢臣でした。この詩が作られたのは、西周が異民族の犬戎《けんじゅう》に滅ぼされて後、都を東の洛邑《らくゆう》へ遷《うつ》して東周《とうしゅう》が成立してからのことです。尹氏が民衆の暮らしを思いやらず政治に混乱を招いたことを批判する内容です。尹氏には悪政に苦しむ民衆の厳しい眼差《まなざ》しが注がれています。「偏った政治をすれば、天下の人々から殺戮される（辟《へき》すれば則《すなわ》ち天下《てんか》の僇《りく》となる）」、これは絜矩の道を忘れた身勝手な君主の末路です。

三つめの大雅《たいが》・文王篇《ぶんのう》は、殷《いん》の紂王《ちゅうおう》が酒池《しゅち》肉林《にくりん》の贅沢《ぜいたく》にふけり、炮烙《ほうらく》の刑（焼けた銅柱を歩かせる火刑）で人々を虐《しい》たげるひどい政治のために、民衆の心を失い国を失ったという滅亡の歴史を下敷きにしています。「儀《よろ》しく殷《いん》に監《かんが》みるべし。峻命《しゅんめい》易《やす》からず」とは、周王は殷の失敗を監《かがみ》（＝鑑《かがみ》、反省材料）として、天命《てんめい》を失わないようにせよとの戒《いまし》めです。

徳は本、財は末

是《こ》の故《ゆえ》に君子《くんし》は先《ま》ず徳《とく》を慎《つつし》む。徳有《とくあ》れば此《ここ》に人有《ひとあ》り、人有《ひとあ》れば此《ここ》に土有《どあ》り、土有《どあ》れば此《ここ》に財有《ざいあ》り、財有《ざいあ》れば此《ここ》に用有《ようあ》り。徳《とく》は本《もと》なり。財《ざい》は末《すえ》なり。本《もと》を外《そと》にし末《すえ》を内《うち》にすれば、民《たみ》を争《あらそ》わしめて奪《うば》うを施《ほどこ》す。是《こ》の故《ゆえ》に財聚《ざいあつ》まれば則《すなわ》ち民散《たみさん》じ、財散《ざいさん》ずれば則《すなわ》ち民聚《たみあつ》まる。是《こ》の故《ゆえ》に言悖《げんもと》りて出《い》ずる者《もの》は、亦《ま》た悖《もと》りて入《い》る。貨悖《かもと》りて入《い》る者《もの》は、亦《ま》た悖《もと》りて出《い》ず。

康誥《こうこう》に曰《いわ》く、「惟《こ》れ命《めい》は常《つね》に于《お》いてせず」と。善《ぜん》なれば則《すなわ》ち之《これ》を得《え》、不《ふ》善《ぜん》なれば則《すなわ》ち之《これ》を失《うしな》うを道《い》う。

◆是故君子先慎二乎徳一。有レ徳此有レ人、有レ人此有レ土、有レ土此有レ財、有レ財此有レ用。

徳者本也。財者末也。

外レ本内レ末、争レ民施レ奪。

是故財聚則民散、財散則民聚。

是故言悖而出者、亦悖而入。貨悖而入者、亦悖而出。

康誥曰、惟命不レ于レ常。道二善則得レ之、不善則失レ之矣。

こういうわけで、君子は第一に〔輝かしき〕徳（明徳《めいとく》）〔を明らかにすること〕に真剣に取り組む。徳（明徳）をそなえれば人（国民）を保有することになり、人があつまれば国土を保有することになり、国土を保有すれば財貨（国富）を保有することになり、財貨を保有すれば財用（財政資金）を保有することになる。〔明徳に努めれば国家財政を憂える必要はないのである。〕

徳は根本である。財貨は末節である。

根本〔である徳〕を捨て置いて、末節〔である財貨〕に努めていると、〔財貨は誰しも欲しいものなので、民衆も血眼《ちまなこ》になり〕民衆を争わせて奪い合いを教え施すことになる。

こういうわけで、〔君主が財貨に努め、厳しく年貢を取り立てて、上に〕財貨が集まると民衆は離散し、〔逆に、君主が徳に努め、民間に〕財貨が分散すると民衆は集まる。

こういうわけで、道理に反した言葉を吐けば、道理に反した言葉を聞くことになる。〔それと同様に〕道理に反した仕方で財貨を得れば、道理に反した仕方で財貨を失うことになる。

康誥《こうこう》（『書経《しょきょう》』周書《しゅうしょ》の一篇）に言う、「天の命《めい》は一定して変わらぬものではない」と。〔君主の政治が絜矩《けっく》の道《みち》によって〕善ならば天命《てんめい》を得られるが、〔絜矩の道によらず〕不善ならば天命を失うことを言うのである。

❖　❖　❖　❖

この一段は冒頭の一節、「君子《くんし》は先《ま》ず徳《とく》を慎《つつし》む。徳有《とくあ》れば此《ここ》に人有《ひとあ》り、人有《ひとあ》れば此《ここ》に土有《どあ》り、土有《どあ》れば此《ここ》に財有《ざいあ》り、財有《ざいあ》れば此《ここ》に用有《ようあ》り」の趣旨を受けて展開されています。

「徳を慎む」とは「明徳《めいとく》を明らかにすることに偽りなく真実に取り組む」という意味で、三綱領《さんこうりょう》の「明明徳《めいめいとく》」と同じです。「本《もと》を外《そと》にし末《すえ》を内《うち》にす」とある「外にす」は、遠ざける、疎《うと》んずる、ぞんざいにするなどの意味、いっぽう「内にす」は、近づける、親しむ、大切にするという意味で、全体で「根本（明徳）をいい加減にして、末節（財貨・財用）を第一にする」といった意味になります。

八条目《はちじょうもく》の「格物・致知・誠意・正心・修身」という一連の修養によって明徳を明らかにできれば、明徳→国民→国土→国富→国家の財政資金と目的は達成される、根本たる徳に努めれば、末節である国家財政はおのずと確保されるというわけです。このような考え方から、『大学』が経典となった宋代の帝王学では、皇帝にはもっぱら身を修め徳を養うことが求められました。

「言悖《げんもと》りて出ずる者《もの》は、亦《ま》た悖《もと》りて入《い》る。貨悖《かもと》りて入《い》る者《もの》は、亦《ま》た悖《もと》りて出《い》ず」とは真理を衝《つ》いた言葉ですね。後半は江戸時代に「貨《たから》悖《さか》って入《い》るものは亦《ま》た悖《さか》って出《い》ず」という言い方で知られたことわざでした。暴言や暴力はそれに応じた報いを受けるものです。独裁的な権力を得たものが、民衆の困窮を顧みず、不当な方法で巨万の富を築き、一時は欲望を満足させたとしても、結局その体制も民衆の手で打倒され、財産はもとより命まで失ってしまう、そんな例は珍しくありません。この段を締めくくる『書経《しょきょう》』康《こう》誥《こう》篇の言葉「天命は一定不変なものではない（惟《こ》れ命《めい》は常《つね》に于《お》いてせず）」――国家の命運は民衆を思いやって善政を行うか否かにかかっている、とは歴史の証明するところです。

善・親愛を以て宝と為《な》す――ふたたび〈徳は本、財は末〉

楚《そ》書《しょ》に曰《いわ》く、「楚《そ》国《こく》は以《もっ》て宝《たから》と為《な》す無《な》く、惟《た》だ善以《ぜんもつ》て宝《たから》と為《な》す」と。
舅犯《きゅうはん》曰《いわ》く、「亡人以《ぼうじんもつ》て宝《たから》と為《な》す無《な》く、親《しん》に仁《じん》するを以《もっ》て宝《たから》と為《な》す」と。

◆楚書曰、楚国無㆓以為㆑宝、惟善以為㆑宝。
　舅犯曰、亡人無㆓以為㆑宝、仁㆑親以為㆑宝。

『楚《そ》書《しょ》』に言う、「楚《そ》国には〈黄金や玉《ぎょく》〈宝石〉など〉宝とするようなものは無く、ただ善人《ぜんにん》を宝としている」と。

舅犯《きゅうはん》（晋《しん》国の賢者《けんじゃ》）は〔亡命中の公子重耳《ちょうじ》に〕言った、「〔楚国から国外へ〕亡《ぼう》命《めい》している人には宝とするようなものは無く、親《おや》を愛する気持ちを宝とする」と。

この一段は、史書《ししょ》と古人《こじん》の言葉を引用して、「徳《とく》は本《もと》、財《ざい》は末《すえ》」というテーマを重ねて取り上げて述べています。

❖❖❖❖

『楚書《そしょ》』は楚《そ》国の歴史書でしょうが現在に伝わりません。ただ、春秋《しゅんじゅう》時代の国々の記録を国別にまとめた『国語《こくご》』の「楚語《そご》」（楚国の歴史）に関連の記述が見えるので、それにもとづいて概略を記します。——楚国の大夫《たいふ》（重臣）の王孫圉《おうそんぎょ》が晋《しん》国に使者として訪れたとき、宴会の席上で晋の大夫《たいふ》の趙簡子《ちょうかんし》が尋ねた。「楚《そ》に白珩《はくこう》という佩玉《はいぎょく》（腰に佩《お》びる玉製《ぎょく》の装飾品）があると聞くが、その宝は何代にわたって受け継がれたものか。」王孫圉はそれに答えて言った。「楚国ではそれを宝とはしていません。楚の宝は、君主を補佐する優れた臣下たち、国を加護する神々、豊富な資源を生む沼沢《しょうたく》である。白珩は歴代の王の玩具にすぎず、宝ではありません。」——『大学』の簡潔な文言とは異なり、かなり詳しい記述ですが趣旨は同じです。

もう一方の引用の「舅犯《きゅうはん》」は、晋《しん》国の賢者《けんじゃ》で、本名を狐偃《こえん》、字《あざな》を子犯《しはん》といい、晋の公子の重耳《ちょうじ》（のちの晋《しん》の文公《ぶんこう》）の舅《おじ》であることから舅犯と呼ばれました。文公の補佐・参謀として文公が覇者《はしゃ》（諸侯《しょこう》の旗頭《はたがしら》・リーダー）の偉業を成し遂げるのを支えました。この舅犯の発言とその背景は『礼記《らいき》』檀弓《だんぐう》篇下に見えるので概略を紹介します。――晋の公子の重耳は、後継者争いの危険を避けるため、家臣を伴って国外へ亡命し、秦《しん》国の穆《ぼく》公《こう》に保護されていた。重耳の父献公《けんこう》の死去が報じられると、秦の穆公は重耳に「国を手に入れる絶好の機会、これを逃してよかろうか」と決起を促した。重耳が舅犯に相談すると、舅犯は言った、「穆公の提案は辞退なさいませ。亡命中の身には何の宝もなく、ただ親《おや》を愛する気持ちこそ宝。父の死に乗じて利益を得るならば、天下に申し訳がたちませんぞ。」重耳は舅犯の助言に従って穆公の申し出を辞退した。このことで穆公は重耳の親思いと無欲とを称《たた》えた。

唯《た》だ仁人のみ能《よ》く人を愛し能く人を悪《にく》むを為す
――ふたたび〈私情による好悪の戒め〉

秦誓《しんせい》に曰《いわ》く、「若《も》し一个《いつか》の臣有《しんあ》り、断断兮《だんだんけい》として他《た》の技無《ぎな》く、其《そ》の心《こころ》休休焉《きゆうきゆうえん》として、其《そ》れ容《い》るる有《あ》るが如《ごと》し。人《ひと》の技有《ぎあ》る、己《おのれ》之《こ》れ有《あ》るが若《ごと》く、人《ひと》の彦聖《げんせい》なる、其《そ》の心《こころ》之《これ》を好《よ》みす。啻《ただ》に其《そ》の口《くち》より出《い》ずるが若《ごと》くなるのみならず、寔《まこと》に能《よ》く之《これ》を容《い》れ、以《もつ》て能《よ》く我《わ》が子孫黎民《しそんれいみん》を保《やす》んず。尚《こいねが》わくは亦《ま》た利有《りあ》らんかな。人《ひと》の技有《ぎあ》る、娼疾《ぼうしつ》して以《もつ》て之《これ》を悪《にく》み、人《ひと》の彦聖《げんせい》なる、之《これ》に違《たが》いて通《つう》ぜざらしむ。寔《まこと》に容《い》るる能《あた》わず、以《もつ》て我《わ》が子孫黎民《しそんれいみん》を保《やす》んずる能《あた》わず。亦《ま》た曰《ここ》に殆《あやう》きかな」と。

唯《た》だ仁人《じんじん》のみ之《これ》を放流《ほうりゆう》し、諸《これ》を四夷《しい》に迸《しりぞ》け、与《とも》に中国《ちゆうごく》を同《おな》じくせず。此《これ》を「唯《た》だ仁人《じんじん》のみ能《よ》く人《ひと》を愛《あい》し能《よ》く人《ひと》を悪《にく》むを為《な》す」と謂《い》う。

賢《けん》を見《み》て挙《あ》ぐる能《あた》わず、挙《あ》げて先《さき》んずる能《あた》わざるは、怠《おこた》りなり。不善《ふぜん》を見《み》て退《しりぞ》くる能《あた》わず、退《しりぞ》けて遠《とお》ざくる能《あた》わざるは、過《あやま》ちなり。

人《ひと》の悪《にく》む所《ところ》を好《この》み、人《ひと》の好《この》む所《ところ》を悪《にく》む、是《こ》れを「人《ひと》の性《せい》に払《もと》る」と謂《い》う。菑《わざわ》い必《かなら》ず夫《そ》の身《み》に逮《およ》ぶ。

是《こ》の故《ゆえ》に君子《くんし》に大道《だいどう》有《あ》り。必《かなら》ず忠信《ちゆうしん》以《もつ》て之《これ》を得《え》、驕泰《きようたい》以《もつ》て之《これ》を失《うしな》う。

◆秦誓曰、若有二一个臣一、断断兮無二他技一、其心休休焉、其如レ有レ容焉。人之有レ技、若二己有一レ之、人之彦聖、其心好レ之。不下啻若中自二其口一出上、寔能容レ之、以能保二我子孫黎民一。尚亦有レ利哉。人之有レ技、媢疾以悪レ之、人之彦聖、而違レ之俾レ不レ通。寔不レ能レ容、以不レ能レ保二我子孫黎民一。亦曰殆哉。唯仁人放二流之一、迸二諸四夷一、不三与同二中国一。此謂三唯仁人為二能愛レ人能悪一レ人。

見レ賢而不レ能レ挙、挙而不レ能レ先、怠（命）也。見二不善一而不レ能レ退、退而不レ能レ遠、過也。

好二人之所一レ悪、悪二人之所一レ好、是謂レ払二人之性一。菑必逮二夫身一。

是故君子有二大道一。必忠信以得レ之、驕泰以失レ之。

秦誓《しんせい》篇（『書経《しょきょう》』周書《しゅうしょ》の篇名）に言う、「〔秦《しん》の穆公《ぼくこう》が臣下《しんか》に言うことには〕もし臣下が一人あったとして、〔その者が〕誠実一筋である他《ほか》に何か特技があるわけでもないが、その心は大らかで人を受《う》け容《い》れる度量《どりょう》があるようである。他人に特技があれば、まるで自分にその特技があるかのようにし、他人が立派で聡明であれば、心からその人を良《よ》しとする。ただ口先ばかり褒めるのではなく、ほんとうに受け容れることができ、その結果、私の子孫や民衆を安らかにすることができる。〔国家に〕利益をもたらしてもらいたいものよ。〔逆に〕他人に特技があれば、妬《ねた》み憎み、他人が立派で聡明であれば、その人の邪魔をして活躍の道を得られないようにさせる。ほんとうに受け容れることができず、その結果、私の子孫や民衆を安らかにすることができない。〔国家においては〕さても危ういことよ」と。ただ仁徳をそなえた人だけが、このような人〔すなわち他者を妬《ねた》み憎む人を〕追いやって遠方へ流し、四方の野蛮な土地に退けて、中国の地を踏めないようにする。これを「ただ仁徳をそなえた人だけが〔私心がなく好悪《こうお》の感情が道理に合っているから、公正に〕人を愛することができ、人を憎むこともできる」（『論《ろん》語《ご》』里《り》仁《じん》篇）と言う。

賢者を見て登用することができず、登用しながら速やかに用いることができないのは、怠慢である。不善の者を見て退けることができず、退けながら遠く追いやることができないのは、過ちである。

人の憎むことを好み、人の好むことを憎む、このことを「人の本性《ほんせい》に逆らう」という。〔人でありながら人の本性に逆らうことは、人道に大きく外れることなので〕災いがきっとその身に及ぶであろう。

こういうわけで〔人の上に立つべき〕君子《くんし》には踏み行うべき大いなる方法〔すなわち修己治人《しゅうこちじん》の術〕がある。必ずまごころ（忠《ちゅう》）とまこと（信《しん》）とによって〔国・衆・天命を〕手に入れ、尊大さ（驕《きょう》）と我がまま（泰《たい》）とによってそれを失うのである。

❖❖❖❖

この一段は、『書経《しょきょう》』『論語《ろんご》』の引用にもとづきながら、先にみた『詩経《しきょう》』節南山《せつなんざん》篇の「私情《しじょう》による好悪《こうお》の戒《いまし》め」（109頁）というテーマを重ねて取り上げて解説しています。冒頭の『書経』周書《しゅうしょ》・秦誓篇《しんせいへん》は、秦《しん》の穆公《ぼくこう》が、百里奚《ひゃくりけい》ら老臣の忠告を聞かずに出兵して敗れたのを反省し、自分の過《あやま》ちを後世に伝えるために書き記したもので、一篇の後半のほとんどを抜き出した長文の引用となっています。内容は、臣下には二種類の人があるとし、一つは他人の長所を愛し認めてそれを活かせる人、いま一つは他人の長所を妬《ねた》み憎んでそれを邪魔する人で、私情に囚《とら》われた好き嫌いは国家・人民の将来を危うくすると説いています。

朱子《しゅし》の弟子の蔡沈《さいちん》が著わした『書経』の注釈書『書集伝《しょしゅうでん》』は、この引用部分の注釈で、「前の一人は房玄齢《ぼうげんれい》のようだ。後ろの一人は李林甫《りりんぽ》のようだ」と述べています。房玄齢（五七八～六四八）は唐《とう》初の太宗《たいそう》に仕え、自分は控えめにしながら多くの有能な人材に活躍の場を与え、「貞観《じょうがん》の治《ち》」という太平の時代を支えた名宰相《めいさいしょう》です。いっぽうの李林《りりん》甫《ぽ》（?～七五二）は唐中期の玄宗《げんそう》に仕え、やはり宰相を務めた政治家です。玄宗は治世の前半には善政に努め、「開元《かいげん》の治《ち》」と称えられる唐王朝の最盛期を実現しましたが、後半にはしだいに政治への熱意を失い、率直に意見を述べる硬骨の士を煙たがって退けました。代わりに宰相に登用されたのが李林甫でした。李林甫は、人当たりはよいが性格は陰険で、皇帝には迎合して気に入られるように努める傍ら、賢者を妬み才能ある者を憎み、自分と意見の異なる者を退けました。人々は「口に蜜《みつ》あり、腹に剣《けん》あり」と評したといいます。李林甫が宰相の位にあること十九年、唐王朝は内部から弱体化が進み、ついに安史《あんし》の乱《らん》が勃発《ぼっぱつ》して、繁栄を誇った大帝国も衰退の道をたどることになりました。為政者の妬みや憎しみの感情が国家の衰退滅亡につながること、『大学』の説くとおりです。

とはいえ、儒教では好き嫌いの感情は自然に生まれついたものなので、それを無くせとはいいません。ただ人の感情は「好きになったら生きろと願い、嫌いになったら死ねと願う（之《これ》を愛《あい》しては其《そ》の生《い》きんことを欲《ほっ》し、之《これ》を悪《にく》んでは其《そ》の死《し》なんことを欲す）」（『論《ろん》語《ご》』顔淵《がんえん》篇）というように道理に外れて惑いがちゆえ、それを適切に制御せよというわけです（『大学』『中庸』の説く制御法が「慎独《しんどく》」です）。本文の「唯《た》だ仁人《じんじん》のみ能《よ》く人《ひと》を愛《あい》し能《よ》く人《ひと》を悪《にく》むを為《な》す」は、『論語』里仁《りじん》篇に見える言葉で（『論語』の表現は若干異なりますが）、朱子はその注で「私心が無くなって、はじめて好き嫌いの感情が道理に合致するのだ」と説明しています（『論語集註《ろんごしっちゅう》』）。つまり、利己心をなくし人を思いやれる仁徳の人だけが、本当に愛し憎むことができ、真に憎むべき相手に適切に対処できるというわけで、まさに絜矩《けつく》の道の実践です。

この段の「人《ひと》の悪《にく》む所《ところ》を好《この》み、人《ひと》の好《この》む所《ところ》を悪《にく》む、是《こ》れを『人《ひと》の性《せい》に払《もと》る』と謂《い》う」は、先に理想の君主の姿として見た「民《たみ》の好《この》む所《ところ》は之《これ》を好《この》み、民《たみ》の悪《にく》む所《ところ》は之《これ》を悪《にく》む。此《これ》を之《こ》れ『民《たみ》の父母《ふぼ》』と謂《い》う」（109頁）とちょうど正反対の内容です。民の心を心とする民の父母が、民衆の心を得て国を保持し、善政を行って天命を得るのに対し、この人間性に払《もと》る人は、「菑《わざわ》い必《かなら》ず夫《そ》の身《み》に逮《およ》ぶ」——必ず天の報いとして災禍を引き受けねばなりません。これは前に『詩経』文王篇（111頁）や康誥篇（113頁）によって示された天命の思想を受けたものです。

なお、「挙《あ》げて先《さき》んずる能《あた》わざるは、怠《おこた》りなり」の「怠」は、もともと「命」の字になっていましたが、ここでは程伊川《ていいせん》の説に従って「怠」に書き改めました。

利を以て利と為さず、義を以て利と為す

──みたび〈徳は本、財は末〉

財《ざい》を生《しょう》ずるに大道有《だいどうあ》り。之《これ》を生《しょう》ずる者衆《ものおお》くして、之《これ》を食《くら》う者寡《ものすくな》く、之《これ》を為《つく》る者疾《ものと》くして、之《これ》を用《もち》うる者舒《ものゆる》やかなれば、則《すなわ》ち財恒《ざいつね》に足《た》る。

仁者《じんしゃ》は財《ざい》を以《もっ》て身《み》を発《おこ》し、不《ふ》仁者《じんしゃ》は身《み》を以《もっ》て財《ざい》を発《おこ》す。

未《いま》だ上《かみ》仁《じん》を好《この》みて下《しも》義《ぎ》を好《この》まざる者《もの》は有《あ》らざるなり。未《いま》だ義《ぎ》を好《この》みて其《そ》の事終《ことおわ》らざる者《もの》は有《あ》らざるなり。未《いま》だ府庫《ふこ》の財《ざい》其《そ》の財《ざい》に非《あら》ざる者《もの》は有《あ》らざるなり。

孟献子《もうけんし》曰《いわ》く、「馬乗《ばじょう》を畜《か》うものは、鶏豚《けいとん》を察《さっ》せず。伐氷《ばっぴょう》の家《いえ》は、牛羊《ぎゅうよう》を畜《か》わず。百乗《ひゃくじょう》の家《いえ》は、聚斂《しゅうれん》の臣《しん》を畜《やしな》わず。其《そ》の聚斂《しゅうれん》の臣有《しんあ》らんよりは、寧《むし》ろ盗臣有《とうしんあ》れ」と。此《これ》を「国《くに》利《り》を以《もっ》て利《り》と為《な》さず、義《ぎ》を以《もっ》て利《り》と為《な》す」と謂《い》う。

国家《こっか》に長《ちょう》として財用《ざいよう》を務《つと》むる者《もの》は、必《かなら》ず小人《しょうじん》に自《よ》る。小人《しょうじん》をして国家《こっか》を為《おさ》めしむれば、菑害《さいがい》並《なら》び至《いた》る。善者《ぜんしゃ》有りと雖《いえど》も、亦《ま》た之《これ》を如何《いかん》ともする無《な》し。此《これ》を「国《くに》は利《り》を以《もっ》て利《り》と為《な》さず、義《ぎ》を以《もっ》て利《り》と為《な》す」と謂《い》う。

◆生レ財有二大道一。生レ之者衆、食レ之者寡、為レ之者疾、用レ之者舒、則財恒足矣。

仁者以レ財発レ身、不仁者以レ身発レ財。

未レ有二上好レ仁而下不レ好レ義者一也。未レ有二好レ義其事不レ終者一也。未レ有下府庫財非二其財一者上也。

孟献子曰、畜二馬乗一、不レ察二於鶏豚一。伐氷之家、不レ畜二牛羊一。百乗之家、不レ畜二聚斂之臣一。与三其有二聚斂之臣一、寧有二盗臣一。此謂下国不二以レ利為レ利、以レ義為上レ利也。

長二国家一而務二財用一者、必自二小人一矣。(彼為善之)小人之使レ為二国家一、菑害並至。雖レ有二善者一、亦無二如レ之何一矣。此謂下国不二以レ利為レ利、以レ義為上レ利也。

財貨を生み出すには従うべき基本法則がある。財貨を生産する者が多くて、消費する者が少なく、生産の速度が速くて、消費の速度が遅ければ、〔国家の運営に必要な〕財貨は常に満ち足りる。

仁徳《じんとく》のある君主は財貨〔を施して民衆の心を得ること〕によって一身〔の人徳と名声と〕を尊く盛んにし、仁徳のない君主は一身〔を害《そこな》い危うくすること〕によって財貨を増やすのである。

上に立つ君主が仁徳を好みながら、下にある人が道義を好まないことなど、これまであった例《ため》しがない。〔そして下にある人が〕道義を好みながら、君主の事業が成し遂げられないことなど、これまであった例《ため》しがない。〔事業が生み出した正当な財貨は、理由なく消える心配はないので〕倉庫に積まれた財貨が君主の財貨ではないということなど、これまであった例しがないのである。

孟献子《もうけんし》（魯《ろ》の国の優れた大夫《たいふ》）は言った、「〔馬車に乗る身分の大夫（重臣）となって〕馬四頭を飼うほどの者は、〔庶民の利益を侵さないために〕鶏や豚の飼育に関心を向けない。〔同様の理由で〕、葬儀や祭礼に冷蔵用の氷を使えるほどの家（卿《けい》・大夫以上の大臣や重臣）は、牛や羊を飼育しない。また、戦《いくさ》の際に戦車百台を出せるほどの家は、民衆から〔所定の税率を徴収するだけなので〕容赦なく税を取り立てるような家来を召し抱えない。税を厳しく取り立てる家来をもつくらいなら、むしろ主人の財貨を盗む家来をもつほうが〔民衆に被害がないだけ〕ましだ」と。これを「国においては利（財貨の追求・もうけ）を利《よろ》しきこととはせず、義（道義）を利《よろ》しきこととする」というのである。

国家の長（君主）となっているのに財貨〔の徴収・貯蓄〕に力を尽くす者は、必ずや小人《しょうじん》〔が君主に気に入られようと誘導すること〕に原因がある。〔しかし、もしこのような〕小人に国家を治めさせたならば、災害が次々に発生することになるだろう。たとえ善人（優れた人物）が有ろうとも、これをどうすることもできない。これを「国においては利（財貨の追求・もうけ）を利《よろ》しきこととはせず、義（道義）を利《よろ》しきこととする」というのである。

❖　❖　❖　❖

いよいよ最後の一段です。ここでは、「徳は本、財は末」というテーマを三たび取り上げ、政治の根本は道徳にあると説く『大学』を締めくくります。

「仁者《じんしゃ》は財《ざい》を以《もっ》て身《み》を発《おこ》す」というと、世にいう「ばらまき政策」と誤解されそうですが、人気取りを目的とする「ばらまき」とは違います。これは財貨を貯《た》め込んで私財とせず、公共のために用いることを目的とするもので、人徳・名声があがるのはその結果に過ぎません。

孟献子《もうけんし》の「馬乗《ばじょう》を畜《か》うものは、鶏豚《けいとん》を察《さっ》せず。伐氷《ばっぴょう》の家《いえ》は、牛羊《ぎゅうよう》を畜《か》わず。百乗《ひゃくじょう》の家《いえ》は、聚斂《しゅうれん》の臣《しん》を畜《やしな》わず」という言葉には、為政者の経済活動に対する儒者の抑制的な考え方が表われています。すなわち、卿・大夫たるものはすでに大臣・重臣として君主から俸禄《ほうろく》（給料）を受けている以上、家畜の飼育などでさらなる利益を図るべきではない。もし為政者が経済活動に手を染めれば、ほんらい庶民が手に入れるはずの利益を奪うことになる、と考えるからです。今でいう民業圧迫です。

漢《かん》の武帝《ぶてい》の時代の経済官僚であった桑弘羊《そうこうよう》は、塩・鉄・酒の専売のほか均輸《きんゆ》・平準《へいじゅん》の法を設けて積極的に経済政策を進めました。均輸法とは、税の代わりに各地方の産物を政府に納入させ、他へ輸送して販売するもの。平準法とは、都の倉庫に各種の物資を集め、物価の高下に応じて政府が売買するもので、いずれも政府が商売をして利益を得る政策です。おかげで対外遠征と土木事業で膨《ふく》らんだ支出を補えましたが、いっぽうで民衆の負担を増大させました。民衆の側にたつ儒者たちは「塩・鉄・酒の専売を廃止し、民衆と利益を争わないように」と訴え、桑弘羊ら官僚たちと議論を戦わせました。議論の内容は『塩鉄論』という書にまとめられています。宋代の朱子もまた、時の政府が塩・酒の販売を独占し、民間での売買を許さない専売制度を「絜矩《けっく》の道」に反する政策と批判しています。

一段の後半で「国《くに》利を以《もっ》て利《り》と為《な》さず、義《ぎ》を以《もっ》て利《り》と為《な》す」が繰り返し説かれていますが、問題とされているのは義と利との関係です。儒教では古くから利と義とを合わせてとらえてきました。『論語』に「利《り》に放《よ》りて行《おこな》えば怨《うら》み多し」（里仁《りじん》篇）とあるように、利益第一で行動すれば人の怨みを買うことになります。ですから孔子は「〔人格者は〕利《り》を見《み》て義《ぎ》を思《おも》う」（憲問《けんもん》篇）と述べて利益には義（社会正義）を考え合わせるべきとし、さらには「君子は義に敏感で、小人は利に敏感（君子《くんし》は義《ぎ》に喩《さと》り、小人《しょうじん》は利《り》に喩《さと》る）」（里仁《りじん》篇）として義を優先するのを理想としました。

義と利とをこのような対応関係からより厳しく対立する関係にとらえ直したのが『孟子《もうし》』です。孟子が遊説で訪れた梁《りょう》国で恵王《けいおう》と対面したとき、「我が国に利益を与えてくれるのか」と問う恵王に、孟子はこう答えました。「王何《おうなん》ぞ必《かなら》ずしも利《り》と曰《い》わん。亦《ま》た仁義《じんぎ》あるのみ。」利を追求し始めれば、際限なき欲望のために、無限に争奪が繰り返されることになります。よって孟子は「利ではなく、仁義あるのみ」と利と義とを厳格に区別したのでした。「国家においては利《り》ではなく義《ぎ》を利《よろ》しきこととする」というこの段の義利観は『孟子』に連なるものといえるでしょう。

なお、本文には「必自小人矣」の下に「彼為善之」の四字がありますが、朱子《しゅし》は上下に脱文か誤字が有るのかもしれないとしています。いまは訳さずに置いておきます。

■コラム6　『大学』にもとづく江戸の経世論——熊沢蕃山の『大学或問』

江戸時代の日本でも、『大学』の「治国平天下《ちこくへいてんか》（国を治め天下を平《たいら》かにす）」の理念のもと、政治政策論（経世論《けいせいろん》）の先駆けとなる著作が生み出されました。熊《くま》沢蕃山《ざわばんざん》（一六一九～一六九一）の『大学或問《だいがくわくもん》』です。

『大学或問』は別名を「経済辨《けいざいべん》」「治国平天下《ちこくへいてんか》之《の》別巻《べっかん》」といいます。これらの名称からして、『大学』が掲げる「治国平天下」の理想を実現する、経世済民（世を経《おさ》め民を済《すく》うこと）のための書であることは明らかです。

蕃山は、京都に浪人の子として生まれ、十六歳で岡山藩の池田光政《いけだみつまさ》（一六〇九～一六八二）に仕えましたが、二十歳の時に辞職して日本陽明学の祖とされる中江藤樹《なかえとうじゅ》（一六〇八～一六四八）に学びました。そして二十七歳で再び岡山藩に仕え、藩主光政の絶大な信頼のもと番頭《ばんがしら》（家老に次ぐ重役）となって治山治水・飢饉《ききん》対策・教育など藩政の改革に手腕を振るいました。勝海舟《かつかいしゅう》は蕃山を「儒服を着けた英雄」と評しています（『氷川清話《ひかわせいわ》』）。その蕃山が豊富な実地体験にもとづいて、幕府に対する意見書として著わした政策論が『大学或問』です。

ここで蕃山の思想に目を向けてみましょう。蕃山が師の中江藤樹から受け継いだ最も重要な思想が「時処位《じしょい》」論でした。『中庸《ちゅうよう》』には君子の理想のあり方として「時中《じちゅう》」（その時どきに適切に対処する）が説かれます（本書156頁）。この「時《じ》」とは「その時々の状況」を意味しますが、時処位論はこの「時」を細かく分けて「時《じ》（とき）・処《しょ》（ところ）・位《い》（立場）」の三つの局面において適切に対処すべきことを説きます。また蕃山は為政者として政治を行う場合、この「時処位」を「人情時変《にんじょうじへん》」ととらえなおし、人情（庶民の生活感情）と時変（時勢の変化）とに応じた現実的な政策を取らなければならないと説いています。

『大学或問』の前書きに「和漢《わかん》に通《つう》ずべからず、古今《ここん》にわたるべからず、今《いま》をすくふ活法《かつぽう》なり」とあります。この書に記された政策論はいつでもどこでも通用するものではなく、現状を救済するためのたいへん現実的な方策でした。『大学或問』は「時処位」「人情時変」に応じるという思想のうえに成立した政策論なのです。

この書は全二十二条から成りますが、第一条に人君《じんくん》の天職《てんしよく》（天が与えた職務）として「〔人君は〕人民の父母たる仁心《じんしん》ありて、仁政《じんせい》を行うを天職とす」と述べています。これが『大学』の「民《たみ》の好む所は之を好み、民《たみ》の悪《にく》む所《ところ》は之《これ》を悪《にく》む。此《これ》を之《こ》れ『民《たみ》の父母《ふぼ》』と謂《い》う」（伝の第十章）にもとづくのは明らかです。民の父母としての仁政を基本理念として、第二条以下に、人臣《じんしん》の天職・財政・農政・土木・交易・宗教・教育・軍備など天下を富裕にする具体策を述べています。

現実政治の問題点を述べ立てたこの書は、お上《かみ》を批判するものとして幕府の怒りを買い、そのために蕃山は古河藩《こがはん》（茨城県《いばらき》古河市）に幽閉《ゆうへい》されて亡くなりました。しかし、荻生徂徠《おぎゆうそらい》（一六六六〜一七二八）の『政談《せいだん》』などの後世の経世論に影響を与えました。

中庸

1 『中庸』思想の要点——第一章

『礼記《らいき》』の一篇であった『中庸《ちゅうよう》』にはもともと章立てはありません。朱子《しゅし》はそれを三十三章に分け、各章の意義を明らかにして他の章と関連づけることで、『中庸』に整然とした体系を与えました。これから『中庸』を読み進めるにあたって、朱子の考えた『中庸』の構成を掲げておきます。

《朱子による『中庸』の構成》

第一章……………『中庸』全体の要点。孔子《こうし》が伝えた教えを、子《し》思《し》がそのまま述べた言葉

第二章～第二十章……子思が孔子の言葉を引用しながら行った第一章の意味の説明

（第二章～第十一章……第一章の意味の説明（全て孔子の言葉の引用）

第十二章……第一章の「道不可離（道は離るべからず）」の意味の説明
第十三章～第二十章…第十二章の意味の説明
特に第二十章は初めて「誠」の思想を詳しく述べる
第二十一章……第二十章に孔子の言葉として見えた「天道」「人道」についての子思の説明
第二十二章～第三十二章…第二十一章の意味についての子思の反復説明
第三十三章……『中庸』全体のまとめ

ただし、本書では紙数の都合で、『中庸』三十三章のうち、第七・十八・十九・二十六・二十八・二十九章の六章を割愛した。

さて、『大学《だいがく》』の経《けい》一章は、朱子によれば、「孔子《こうし》が弟子の曽子《そうし》に語った言葉を、曽子が書き記したもの」で、『大学』全体の内容を凝縮したものとされました。それと同様に、この『中庸《ちゅうよう》』の第一章は「孔子が伝えた教えを、子思《しし》が述べ記したもの」で、第二章以下は第一章の意味の解説とされました。つまり、第一章は『中庸』全体の内容を凝縮した精髄、エッセンスというわけです。わずか百字余りの文章ですが、重要な内容ですので、細かく区切ってみていきましょう。

天《てん》の命《めい》ずる之《これ》を性《せい》と謂《い》い、性《せい》に率《したが》う之《これ》を道《みち》と謂《い》い、道《みち》を修《おさ》むる之《これ》を教《おし》えと謂《い》う。

◆天命之謂㆑性、率㆑性之謂㆑道、修㆑道之謂㆑教。

天が命令する〔ように人や物に分け与えた〕ものを性（本性《ほんせい》、あるがままの性質）といい、性に従う〔ことによっておのずと立ち現われてくる、そこを踏み行くべき〕ものを道（道理）といい、〔そこを踏んで行けるように聖人が状況に応じて〕道を整備した〔手引きとなる〕ものを教えという。

この冒頭の三句は、『中庸』全体の主要テーマである「性《せい》」「道《みち》」「教《おし》え」を簡潔に定義し、「天《てん》」にもとづく相互の関係を明示する重要な記述です。まず「天」は、我々の頭上に広がる青い空のことですが、古代人はそれを単なる天空ではなく、そこに意志をもって地上を支配する最高神・天帝の存在を考えました。殷《いん》王朝では戦争や狩猟など事ごとに占いで天帝の意志を問うて行動しました。しかし、時代が下ると人と天との関係に変化が生じ、天は天帝としての性格を残しつつも、天地自然の道理《どうり》・摂理《せつり》という性格を強めていきました。我々が「お天道《てんと》さま」というと、何となく「天の神様」という感覚を残しながらも、主には「天の道理・摂理」と考えているのと似ています。

この天地自然の道理・摂理である「天」が人や物を生み出すとき、「かくあれ！」と命令するように人や物に分け与えたもの、それが「性」です。よって、人の「性」とは、天が人に「人としてこのようにあれ！」と命ずるように賦与《ふよ》した「人の生まれつきの本来性」「人のあるがままの性質」「人が鳥や獣ではなく人であるための根拠」です。性は天地自然の道理・摂理である天が与えたもの、別な言い方をすると人の心にそなわった天の道理・摂理（天理《てんり》）ですから当然ながら善です。したがって「天《てん》の命《めい》ずる之《これ》を性《せい》と謂《い》う」は性善説の宣言に他なりません。

「道」は、人が人として生まれたからにはそこを踏み行くことになっている道筋・道理・人の道です。それは我々の外部から「こうせよ」と押し付けられるものではなく、「性《せい》に率《したが》う」というように自分の本性《ほんせい》に従えばおのずと展開されてくるものです。もっとも、人や物には個別性があり、置かれた環境も違うので、うまく道を歩めない場合もあります。そこで、道をスムーズに踏んで行けるように、この上なき知恵と徳とをそなえた聖人が、道を整理して導《しるべ》・手引きとしてくれたもの、それが「教え」です。

上に見てきた順序を逆にたどると、人は聖人の「教え」に導かれ、人の「道」を踏んで行き、生まれついた善《ぜん》なる「性」を発揮して、天の命に応《こた》える、これが『中庸』の説く生き方です。人の「性」を作物の種《たね》に譬《たと》えれば、善《よ》い種《たね》を適切な栽培法（聖人の教え）に従って養い育て、望ましい生育過程（道）を遂げて、種が本来もつ善い可能性（性）を十二分に発現させるということです。自分という種を自分で育てて自分を実現する、自己実現の生き方です。

性善説《せいぜんせつ》といえば孟子《もうし》を思い浮かべるでしょう。確かに孟子はライバルとの論争において「四端《したん》の説《せつ》」（公孫丑《こうそんちゆう》上篇）、「杞柳《きりゆう》の譬《たと》え」「湍水《たんすい》の譬え」（告子《こくし》上篇）などの巧みな比喩《ひゆ》で熱く性善説を説いています。しかしそれは比喩による直観的な主張であって論理的には不十分なものでした。これに対して『中庸』は、人の本性に天という最高絶対の善の根拠を与えたもので、思想史上たいへん重要な意味をもちました。時代は下って宋《そう》代、人の本性は人の心にそなわった天理《てんり》そのものであるという「性即理《せいそくり》」を重要概念とする朱子学《しゅしがく》が成立します。その「性即理」を証明する論拠の一つとなったのが『中庸』のこの箇所でした。

道《みち》なる者《もの》は、須臾《しゆゆ》も離《はな》るべからざるなり。離《はな》るべきは道《みち》に非《あら》ざるなり。是《こ》の故《ゆえ》に君子《くんし》は其《そ》の睹《み》ざる所《ところ》を戒慎《かいしん》し、其《そ》の聞《き》かざる所《ところ》を恐懼《きょうく》す。

◆道也者、不レ可二須臾離一也。可レ離非レ道也。是故君子戒二慎乎其所一レ不レ睹、恐二懼乎其所一レ不レ聞。

道というものは、〔日常生活で踏み行くべき道理で、本性《ほんせい》として心にそなわっているものなので〕しばしも離れることはできない。離れられるもの、そんなものは道ではない。こういうわけで、君子《くんし》は〔つねに道理を畏《おそ》れ敬む心《つつし》をもち、道理は感覚でとらえられないけれども〕見えないものでも戒め慎み、聞こえないものでも恐れ慎むのである。

❖　❖　❖　❖

人の踏み行くべき「道《みち》」というものは、先に見たように「性《せい》に率《したが》う」もの、本性《ほんせい》に根差したもので、外部から押し付けられたものではありません。ですから「須臾《しゆゆ》も（しばしの間も）」離れることはできず、離れられるようなものは道とはいえません。人が人の道を離れたならば、人であって人でない「人でなし」になってしまいます。だから、常に畏敬《いけい》の念をもって道理《どうり》を保ち育《はぐく》まねばなりません。何か行動を起こしてからではなく、行動を起こす前に、みずからを戒め恐れ慎むのです。

隠《かく》れたるより見《あら》わるるは莫《な》く、微《かす》かなるより顕《あき》らかなるは莫《な》し。故《ゆえ》に君《くん》子《し》は其《そ》の独《ひと》りを慎《つつし》むなり。

◆莫レ見二乎隠一、莫レ顕二乎微一。故君子慎二其独一也。

〔形となって現われなくても悪の萌《きざ》しは自分にはよくわかるので〕隠れた暗いところほどハッキリしたものはなく、微《かす》かなことほど明らかなものはない。だから君子《くんし》は〔他人が知らず自分だけが知っている〕独《ひと》りの境地（心の状態）を慎《つつし》む（心を真《まこと》にして欺かない）のである。

❖❖❖❖

ここには『大学』にも見えた修養方法である「慎独《しんどく》（独《ひと》りを慎《つつし》む）」が説かれます。「慎独」の「独り」とは、他人の窺《うかが》い知らない自分ひとりだけが知っている境地・心の状態でした。心に萌《きざ》した「隠れたる（もの）」「微《かす》かなる（もの）」すなわち隠微《いんび》（目立たず微か）なことは、他人には窺い知れなくても、自分にはハッキリ明らかにわかっています。自分の心の動きをよく観察して、悪《あく》の芽生《めば》えを「ちょっとだけなら」と見過ごさず、慎重に摘み取るのが「慎独」です。

二

喜怒哀楽《きどあいらく》の未《いま》だ発《はっ》せざる、之《これ》を中《ちゅう》と謂《い》う。発《はっ》して皆《みな》節《せつ》に中《あた》る、之《これ》を和《わ》と謂《い》う。中《ちゅう》なる者《もの》は、天下《てんか》の大本《たいほん》なり。和《わ》なる者《もの》は、天下《てんか》の達道《たつどう》なり。

◆喜怒哀楽之未レ発、謂二之中一。発而皆中レ節、謂二之和一。中也者、天下之大本也。和也者、天下之達道也。

喜怒哀楽〔の情〕がまだ発動していない状態を〔人の本来性のまま静かで偏《かたよ》りがないので〕中《ちゅう》（中正な心の基本体、ニュートラルな状態）という。〔喜怒哀楽の情が〕すでに発動してみな節度（ポイント）にぴったり中《あた》っている状態を和《わ》（調和のとれた心の作用、ハーモニー）という。中というものは、世界のあらゆる行為の大いなる根本（大本《たいほん》）である。和というものは、世界のすべての人に通用する人の道（達道《たつどう》）である。

❖❖❖❖

喜・怒・哀・楽といった心の動きを中国思想では「情《じょう》」といいます。これに好《こう》と悪《お》（憎しみ）とを加えて六情《りくじょう》（『白虎通《びゃっこつう》』性情篇《せいじょう》）、あるいは喜・怒・哀・懼《く》（恐れ）・愛・悪《お》（憎しみ）・欲を七情（『礼記《らいき》』礼運篇《らいうん》）といいますが、いずれも心が外部の物事の刺激を受けて動き現われたものです。

この一節では、精神状態を感情がまだ発動していない状態（未発《みはっ》）とすでに発動している状態（已発《いはっ》）との二つに分け、それぞれの状態の理想的な姿（未発の「中《ちゅう》」と已発の「和《わ》」と）を示しています。すなわち、未発の「中」とは、まだ動きのない静かな心の姿で、一方に偏《かたよ》ることなく、したがって真っ直ぐに安定している様子をいいます。これが「天下《てんか》の大本《たいほん》」、すなわちあらゆる物事に対して道理にかなった対応がとれる偉大な根本です。いっぽう已発の「和」とは、心が喜怒哀楽の感情となって動き現われた姿で、極端に走ることなく節度にかなって調和のとれている様子です。この調和こそが「天下《てんか》の達道《たつどう》」、すなわち時代や場所を超えて通用する人の道、具体的には君臣・父子・夫婦・兄弟《けいてい》・朋友《ほうゆう》という人間関係での適切な行動となるのです。

さらにこの一節は、「未発の中」が「已発の和」の「大本」であること、中正で安定した心の基本体が、調和のある行動をとるための基礎であることを示しています。「発《はっ》して皆《みな》節《せつ》に中《あた》る」は、矢を放って的《まと》に中《あ》てる弓術を連想させますので、弓術を例に説明しましょう。ドイツの哲学者オイゲン・ヘリゲル（Eugen Herrigel 一八八四〜一九五五）は五年間の日本滞在中、阿波研造《あわけんぞう》という先生について弓術を習いました。的に中てることが頭から離れないヘリゲルに阿波はこう教えました。弓は射る時の精神状態にかかっている。中てる技術をめざすのは邪道である。中《あた》りは内面に起こったことの外面的な証明・確認に過ぎない、と（『弓と禅』稲富栄次郎・上田武訳、福村出版、一九八一年）。矢が「発して的に中る」かどうかは、矢を「未《いま》だ発せざる（未発）」段階での精神状態で決まっているというのです。

ところで、朱子学《しゅしがく》では「心《こころ》は性《せい》・情《じょう》を統《す》ぶ（心は性と情とを統括する）」といい、性と情とは心の二つの状態であると考えました。性とは心の本体で、「性即理《せいそくり》（性イコール理）」というように天理そのものの善《ぜん》なる本性《ほんせい》。いっぽうの情とは心の作用で、性が外部の物事に刺激されて動いたものです。情は気《き》（肉体を形づくる微粒子あるいはガス状の物質）の影響を受けた現実の姿です。これらの心の状態を朱子は水に譬《たと》えて、「性は静かな水、情は流れる水、欲は波立つ水」（『朱子語類《しゅしごるい》』巻五）と説明しています。欲は必ずしも悪とは限りませんが、往々にして「逆立《さかだ》つ高波《たかなみ》」のように度が過ぎて天理を損なう悪となるものです。

そうして朱子は、性を「未発」に、情を「已発」に振り当てました。それによって、天理そのものの善なる本性とは「未発の中」のことであり、情や欲（悪）の発現した

「已発」の現実世界とは異なる次元のこととしたのです。性善説《せいぜんせつ》を唱えた場合、善人ばかりでなく極悪人も存在する現実をどう説明するかが問題となりますね。朱子は、「未発の中」と「性＝天理（善）」とを結びつけることで、現実世界では悪人であっても、生まれついた本来性の次元では天理と同じく善であるとして、性善説と現実世界とのズレを説明しました。「未発」「已発」を説く『中庸』のこの一節は、朱子学にとってたいへん重要な考え方を提供したのです。

未発（静）——中——大本	………	心	性——理（本体）
已発（動）——和——達道	………		情——気（作用）

中和《ちゅうわ》を致《いた》せば、天地《てんち》位《くらい》し、万物《ばんぶつ》育《いく》す。

◆致㆓中和㆒、天地位焉、万物育焉。

この中和（偏りのない心の本体と調和のとれた心の作用と）を推し極《きわ》めれば、〔自分と天地万物とは一体だから、人の心は天地の心に感応して〕天地はあるべき状態に落ち着き、万物はすくすく生育するのである。

❖ ❖ ❖ ❖

「中和」とは、前節の「未発《みはつ》の中《ちゅう》」「已発《いはつ》の和《わ》」のことで、偏りなく安定した心の基本体（中）と節度にかなって調和のとれた心の作用（和）。「位《くらい》す」とは、あるべき位置に安定し落ち着くこと。天地とそれが生み育んだ万物とはもとより一体のもので、とりわけ人は「天地が生み出したもののうち人が最も貴い（天地《てんち》の性《せい》、人《ひと》を貴《とうと》しと為《な》す）」（『孝《こう》経《きょう》』聖治章《せいちしょう》）というように特別な存在として、天地万物に働きかける力をもつとされました。このような天地万物と人とが相互に影響しあうという考え方を天人相関説《てんじんそうかんせつ》といい、戦国《せんごく》時代から漢《かん》代にかけて盛んに唱えられ、前漢の董仲舒《とうちゅうじょ》がその理論を体系化しました。『中庸《ちゅうよう》』の第二十二章には、人間界の最高の存在である聖人こそが「天地《てんち》の化育《かいく》を賛《たす》け（万物を生み育てる天地のはたらきを手助け）」「天地《てんち》と参《さん》となる（天と地と並んで三つとなる）」と、その影響力が称《たた》えられています。

■コラム7　懐徳堂の『中庸錯簡説』

日本で儒教が広まった江戸時代、「天下の台所」として繁栄した大坂で、享保九年（一七二四）に有力商人が資金を出し合い、三宅石庵《みやけせきあん》を迎えて漢学（儒教など中国文化を研究する学問）の塾を開設しました。この塾を懐徳堂《かいとくどう》といい、明治二年の閉校まで一四〇余年にわたって大坂の儒学の拠点でした。懐徳堂は中井竹《ちく》山《ざん》・履軒《りけん》の兄弟のほか、町人学者として知られる富永仲基《とみながなかもと》・山片蟠桃《やまがたばんとう》らを生み、商人の町らしく現実に即した独創的な学説を生み出しました。その一つに『中庸《ちゅうよう》錯簡説《さっかんせつ》』があります。

『中庸《ちゅうよう》』は宋代に四書《ししょ》として尊ばれて経典となりましたが、これを子思《しし》の著作とすることに疑問を抱く学者がいました。そんな『中庸』に対する疑念を明確に論じたのが日本の伊藤仁斎《いとうじんさい》です。その主な論点は次のとおりです。〇第十六章は「鬼神《きしん》の徳《とく》たる、其《そ》れ盛《さか》んなるかな」として「鬼神（霊的な存在）」を賛美するが、これは「怪力乱神《かいりきらんしん》（超常現象や神秘）を語《かた》らず」（『論語』述而篇）と述べた孔子の思想に反する。〇第二十章から最後までには、孔子の時代には説かれなかった「誠《まこと》」の思想が繰り返し説かれる。この部分は本来の『中庸』とは関係のないものである。

仁斎はこう述べて『中庸』を二分し、前半の第十五章までを子思の本来の『中庸』、後半の第十六章以下を本来の『中庸』とは無関係の後に付け加わったものとしました。こうして『中庸』はテキストに問題ありとされ、経典としての正当性が揺らぐこととなりました。

このような状況のもと、本文に即した合理的な視点で、『中庸』のテキスト問題に解決の道を開いたのが懐徳堂の『中庸錯簡説《ちゅうようさっかんせつ》』でした。「錯簡」とは、紙が発明される前、書物は木や竹の細長い簡《ふだ》に書き記され、それを横に並べ紐《ひも》で綴《と》じて巻物《まきもの》にしましたが、綴じ紐が切れると簡の順序が混乱して読めなくなります。この簡の錯乱が錯簡です。

三宅石庵は、「鬼神」について記した第十六章はもともと第二十四章の次にあったものが錯乱したのだと考え、第十六章を本来あるべき場所に戻せば首尾一貫すると説きました。その後、中井竹山が石庵の説に基づいて本文を再編した『中《ちゅう》庸懐徳堂定本《ようかいとくどうていほん》』を作り、中井履軒がそれをさらに改訂した『中庸天楽楼定本《ちゅうようてんらくろうていほん》』および注釈『中庸逢原《ちゅうようほうげん》』を作るなど、懐徳堂では『中庸』を重視し、テキストに精密な検討を重ねたのでした。

ここで『中庸錯簡説』に基づいて本文のつながりを見てみましょう。まず、第十六章を抜き出すと、第十五章の末尾「父《ふ》母《ぼ》は其《そ》れ順《じゅん》なるかな」は第十七章「舜《しゅん》は其《そ》れ大孝《だいこう》なるかな」に接続し、父母と孝とが意味的につながります。そして、後へ移した第十六章「鬼神の徳たる」は、第二十四章の末尾「至誠《しせい》は神《しん》の如《ごと》し」に接続し、「至誠の神（聖人《せいじん》の測り知れない働き）を鬼神に譬《たと》えたのだ」という解釈が可能となります。さらに、第十六章の末尾「誠《まこと》の弇《おお》うべからざる、此《か》くの如《ごと》きかな」は第二十五章の「誠《まこと》は自《おのずか》ら成《な》るなり」に接続し、誠の

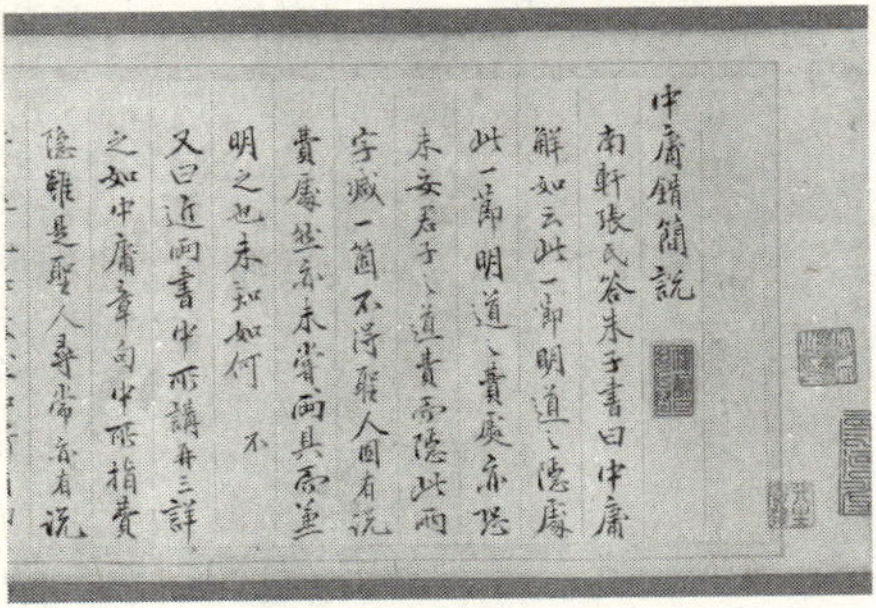

『中庸錯簡説』
（大阪大学附属図書館懐徳堂文庫蔵）

はたらきを述べたものとして意味的につながります。このように錯簡を正すことで『中庸』の教えは首尾一貫し、最終的に「誠」に集約されると説かれたのです。

この懐徳堂の錯簡説は、近代研究においても『中庸』を合理的に読解するのに参考にされ、例えば武内義雄《たけうちよしお》によって仁斎の説と考え合わせて『易と中庸の研究』（岩波書店、一九四三年）にまとめられました。また金谷治《かなやおさむ》訳注『大学・中庸』（岩波文庫、一九九八年）もそれらの成果を参考にして本文を改めています。

2　孔子の説く中庸――第二章～第十一章

第一章は「天」「性」「道」や「中」「和」などの抽象的な哲学思想が説かれていましたが、第二章から第十一章はすべて、孔子《こうし》の説いた「中庸《ちゅうよう》」の教えを子思《しし》が引用する形で、中庸とはどういうことかを具体的に説明しています。

　第二章に至ってはじめて「中庸」という語が登場します。中庸は実践道徳を指す言葉で、朱子は「『中《ちゅう》』とは不偏不倚《ふへんふい》、過不及無《かふきゅうな》きの名《な》（偏《かたよ》らず倚《かたよ》らぬ、過剰も不足もないという意味）」といい、「『庸《よう》』とは平常《へいじょう》なり（平は平生・平凡、常は恒常・コンスタント）」と注釈しています。「中」と「庸」とを別々に説明しているので二つのことのようですが、偏らずほどよい（中）、だから平凡普通でコンスタントだ（庸）というように一つのことの二面にすぎません。

君子は時中す（第二章）

仲尼《ちゅうじ》曰《いわ》く、「君子《くんし》は中庸《ちゅうよう》す。小人《しょうじん》は中庸《ちゅうよう》に反《はん》す。君子《くんし》の中庸《ちゅうよう》や、君子《くんし》にして時中《じちゅう》す。小人《しょうじん》の中庸《ちゅうよう》に反《はん》するや、小人《しょうじん》にして忌憚《きたん》無きなり。」と。

◆仲尼曰、君子中庸。小人反二中庸一。君子之中庸也、君子而時中。小人之反二中庸一也、小人而無二忌憚一也。

仲尼《ちゅうじ》（孔子の字《あざな》）はおっしゃった、「君子《くんし》は中庸《ちゅうよう》を身につけており、小人《しょうじん》は中庸に反する。君子が中庸であるのは、〔徳のある立派な〕君子であるうえに〔常に慎重に自ら反省して〕その時々の状況に応じて的《まと》を射《い》た対応ができるからである。小人が中庸に反するのは、〔徳のないつまらぬ〕小人であるうえに〔物事に勝手気ままを行って〕何ら忌《い》み憚《はばか》ることがないからである。

「仲尼《ちゅうじ》」とは孔子《こうし》（子《し》は尊称、孔先生の意）の字《あざな》です。孔子は姓《せい》を孔《こう》、名《な》を丘《きゅう》といいました。中国では古来、生まれた時につける名とは別に、成人となる時に通称として字《あざな》をつけました。名を呼んでいいのは君主・父母・師など目上の人に限られ、友人などは通称の字を呼ぶのが礼儀でした。孔子の孫の子思《しし》としては、祖父の言葉を引用するに当たり、名を記すわけにゆかず、単に「子曰《しいわ》く」としては誰のことか明らかでないので、「仲尼曰《ちゅうじいわ》く」と字を掲げたのでしょう。次章以下は「子曰く」で通しています。

「時中《じちゅう》」は、訓読《くんどく》すれば「時《とき》に中《あた》る」です。「時に」とは、sometimes（ときどき、たまに）ではなく timely（ちょうどいい時に、時宜《じぎ》を得て）です。つまり「時中」とは、その時々の状況にピッタリの的《まと》を射《い》た適切な言動をとるという意味です。いわば「動態《どうたい》の中《ちゅう》（動いている状態でのバランス・調和）」で、前章の「已発《いはつ》の和《わ》」と同じです。

孟子《もうし》は過去の聖人を評して、「伯夷《はくい》（殷《いん》末期の隠者）は聖《せい》の清《せい》なる者（清廉を貫いた聖人）、伊尹《いいん》（殷《いん》の宰相《さいしょう》）は聖の任《にん》なる者（宰相の重責を自任し続けた聖人）、柳下恵《りゅうかけい》（春《しゅん》秋《じゅう》時代の魯《ろ》国の重臣）は聖の和《わ》なる者（調和を貫いた聖人）」といい、最後に孔子を「聖の時《とき》なる者（時宜《じぎ》に適《かな》った行動をとった聖人）」として、「孔子《こうし》を之《こ》れ集大成《しゅうたいせい》と謂《い》う」と称《たた》えました。孔子は伯夷・伊尹・柳下恵ら三聖人を集めて大成した最高の聖人であるというわけです（『孟子』万章下篇《ばんしょう》）。清廉、重責への自任、調和といった美徳を終生変わらず持ちつづけるのはもちろん立派ですが、それ以上に、進むべき時に進み、退くべき時に退くという孔子の「時中（時に中る）」の生き方を理想としたのです。

民能《よ》くすること鮮《すくな》きこと久し（第三章）

子《し》曰《いわ》く、「中庸《ちゅうよう》は其《そ》れ至《いた》れるかな。民《たみ》能《よ》くすること鮮《すくな》きこと久《ひさ》し」と。

◆子曰、中庸其至矣乎。民鮮ㇾ能久矣。

先生（孔子）はおっしゃった、「中庸《ちゅうよう》〔の徳は〕まことにこの上ないものだなあ。〔それは人が天から与えられた本性《ほんせい》の現われであるから、誰もが行えるはずなのだが、時代が下るにつれて教化が衰え〕民衆でこれを実践できるものが少なくなって久しい」と。

❖　❖　❖　❖

『論語《ろんご》』にも「子《し》曰《いわ》く、中庸《ちゅうよう》の徳《とく》たるや、其《そ》れ至《いた》れるかな。鮮《すくな》きこと久《ひさ》し（子曰、中庸之為徳也、其至矣乎。民鮮久矣。）」（雍也《ようや》篇）と見えます。ともに中庸（過不足のない安定した徳性）のこの上ない素晴らしさを称《たた》えつつ、それが実践されなくなった状況を嘆く言葉です。

『中庸』では、『論語』の「鮮《すくな》きこと久《ひさ》し」に比べて、「能（能《よ》くすること）」の一字が多くなっています。『論語』が「実践するものが少ない」という状況をいうのに対して、『中庸』では「中庸を実践できるものが少ない」と能力面に着目した言い方になっています。なぜ『中庸』が実践されなくなっているのか、次章の分析に続きます。

道の行われざる（第四章・第五章）

子《し》曰《いわ》く、「道《みち》の行《おこな》われざるや、我之《われこれ》を知《し》れり。知者《ちしゃ》は之《これ》に過《す》ぎ、愚者《ぐしゃ》は及《およ》ばざるなり。道《みち》の明《あき》らかならざるや、我之《われこれ》を知《し》れり。賢者《けんじゃ》は之《これ》に過《す》ぎ、不肖者《ふしょうしゃ》は及《およ》ばざるなり。

人《ひと》飲食《いんしょく》せざるは莫《な》きなり。能《よ》く味《あじ》を知《し》ること鮮《すくな》きなり」と。（第四章）

子《し》曰《いわ》く、「道《みち》は其《そ》れ行《おこな》われざるかな」と。（第五章）

◆子曰、道之不レ行也、我知レ之矣。知者過レ之、愚者不レ及也。道之不レ明也、我知レ之矣。賢者過レ之、不肖者不レ及也。

人莫レ不二飲食一也。鮮二能知レ味也。（第四章）

子曰、道其不レ行矣夫。（第五章）

先生はおっしゃった、「〔中庸の〕道が実践されないことについては、私は〔その理由を〕知っている。知者は〔知ることに〕過剰で〔実践を軽んじ〕、愚者は〔知ることに〕不足がある〔ために実践の意義がわからない〕からである。〔中庸の〕道がはっきり認識されないことについては、私は〔その理由を〕知っている。賢者《けんじゃ》は実践に過剰で〔認識を軽んじ〕、不肖者《ふしょうしゃ》〔劣った者〕は〔実践に〕不足がある〔ために認識する方法も求めない〕からである。

〔ありふれた日常の行為として〕どんな人でも飲食しないものはない。しかしその味わいを本当にわかるものは少ない」と。〔中庸の道も日常の行為であるが、身近なことゆえに過不足を吟味《ぎんみ》する者が少ないのである。〕（第四章）

先生がおっしゃった、「〔中庸の〕道はほんとうに実践されないのだなあ」と。（第五章）

❖❖❖❖

なぜ中庸《ちゅうよう》の道が実践されないのかを、知者《ちしゃ》と愚者《ぐしゃ》、賢者《けんじゃ》と不肖者《ふしょうしゃ》とを挙げて論じています。「過《す》ぎたるは猶《な》お及《およ》ばざるがごとし」（『論語《ろんご》』先進篇《せんしんへん》）といいます。「過ぎたる（過剰）」も「及ばざる（不足）」も、中庸をはずれている点で、どちらもよくないという意味です。

ここでは、知《ち》（知識・認識の能力）において過剰な者（知者）と不足な者（愚者）、行《こう》（行動・実践の能力）において過剰な者（賢者）と不足な者（不肖者）、という観点から分析しています。知者や賢者は優れた能力の持ち主ですが、その優れた彼らでさえ（優れているがゆえに）、能力を過剰に発揮してしまうことによって中庸の実践が妨げられるといいます。中庸の特徴と実践の難しさがよく表れています。

知者・舜の中庸（第六章）

子曰《しいわ》く、「舜《しゅん》は其《そ》れ大知《だいち》なるか。舜《しゅん》は問《と》うことを好《この》んで邇言《じげん》を察《さっ》することを好《この》み、悪《あく》を隠《かく》して善《ぜん》を揚《あ》げ、其《そ》の両端《りょうたん》を執《と》りて、其《そ》の中《ちゅう》を民《たみ》に用《もち》う。其《そ》れ斯《こ》れ以《もっ》て舜《しゅん》たるか」と。

◆子曰、舜其大知也与。舜好レ問而好レ察二邇言一、隠レ悪而揚レ善、執二其両端一、用二其中於民一。其斯以為レ舜乎。

先生がおっしゃった、「舜《しゅん》（伝説上の聖王）は実に偉大な知者だなあ。舜は〔知者でありながら自分の知を用いず〕人に問うことを好んで、そして身近なありふれた言葉〔に良い意見がないか〕をよく調べることを好み、〔述べられた意見のうち〕悪いことは隠して善いことは揚《あ》げ示し、〔あれこれ異なる意見にも〕

その端から端までを把握して〔よく比べ〕、その中《ちゅう》（過《か》不及《ふきゅう》のない程よきもの）を民衆に用いた。こうだからこそ〔偉大な知者と称《たた》えられる〕舜なのだなあ」と。

❖❖❖❖

『中庸』第二十章に、人が人の道を踏み行くのに必要な徳（人格的な能力）として知《ち》・仁《じん》・勇《ゆう》の三達徳《さんたつとく》が説かれます。この第六章から第十二章まではその伏線に当たり、三つの徳にかかわる人物を登場させて中庸実践の具体的なあり方を述べます。まず初めに登場するのが三皇五帝《さんごうごてい》という伝説上の聖人の一人に数えられる「大知《だいち》」の人、舜《しゅん》です。

舜が単なる知者ではなく「大知」と称《たた》えられるのは、中庸を得ていたからです。まず舜は、自分の知力を過剰に発揮せず、「邇言《じげん》（邇は近いの意味）」つまり身近な人々の言葉をよく調べて、善い意見を積極的に採用しました。さらに「さまざまな意見の端から端まで把握したうえで、偏りなく公正な意見（中）を民衆に施した（其《そ》の両端《りょうたん》を執《と》りて、其《そ》の中《ちゅう》を民《たみ》に用《もち》う）」のでした。他の章にも、「道《みち》なる者《もの》は、須臾《しゅゆ》も離《はな》るべからざるなり」（第一章）、「道《みち》は人《ひと》に遠《とお》からず」（第十三章）とあるように、中庸の道は日常生活とともに在るものです。舜が「邇言《じげん》を察《さつ》することを好《この》む」というように身近な日常を大切にしたのも中庸の実践です。

賢者・顔回の中庸（第八章）

子《し》曰《いわ》く、「回《かい》の人《ひと》と為《な》りや、中庸《ちゅうよう》を択《えら》び、一善《いちぜん》を得《う》れば、則《すなわ》ち拳拳服膺《けんけんふくよう》して之《これ》を失《うしな》わず」と。

◆子曰、回之為レ人也、択二乎中庸一、得二一善一、則拳拳服膺而弗レ失レ之矣。

先生がおっしゃった、「回《かい》（孔子《こうし》の弟子の顔回《がんかい》）の人がらは、〔よく中庸《ちゅうよう》の道のこの上なき素晴らしさを知って〕中庸を選択し、一つの善〔すなわち中庸〕を得ると、それを大切に胸に抱いて失わない」と。

❖❖❖❖

「回《かい》」とは、孔子《こうし》の弟子顔回《がんかい》の名《な》で、字《あざな》は淵《えん》。孔子はその師なので、字《あざな》でなく名を称しています。顔回は孔門《こうもん》の十哲《じってつ》（孔子の秀《ひい》でた十人の弟子）の中でも特に優れ、他の弟子たちには困難な仁《じん》の実践においても、「回は三カ月も心が仁から離れない（回《かい》や、其《そ》の心《こころ》三月《さんげつ》仁《じん》に違《たが》わず）」（『論語《ろんご》』雍也《ようや》篇）と孔子から誉められるほどの人でしたが、不幸にして四十一歳の若さで世を去りました。孔子は「ああ、天は私を殺した（ああ、天《てん》予《われ》を喪《ほろぼ》せり）」（『論語』先進《せんしん》篇）と慟哭《どうこく》したといいます。孔子にとって顔回は自分の分身だったのです。

その仁の人・顔回は、ここでは知《ち》（知識・認識）の能力によって中庸を択《えら》び出し、さらに行《こう》（行動・実践）の能力によって中庸を大切に守り続けた中庸の人として孔子に称《たた》えられています。「拳拳服膺《けんけんふくよう》」の「拳拳」は、大切に両手で捧《ささ》げ持つこと。「服膺」の「服」は身に着ける、「膺」は胸部で、胸に抱いて離さないという意味です。

知仁勇と中庸（第九章）

子《し》曰《いわ》く、「天下《てんか》国家《こっか》も均《ひと》しくすべきなり。爵禄《しゃくろく》も辞《じ》すべきなり。白刃《はくじん》も踏《ふ》むべきなり。中庸《ちゅうよう》は能《よ》くすべからざるなり」と。

◆子曰、天下国家可レ均也。爵禄可レ辞也。白刃可レ踏也。中庸不レ可レ能也。

先生はおっしゃった、「天下や国や家を公平に治めることは〔困難ではあるが、知者《ちしゃ》ならば〕可能である。地位と給料（爵位《しゃくい》と俸禄《ほうろく》）を辞退することは〔困難ではあるが、仁者《じんしゃ》ならば〕可能である。白刃《はくじん》〔の閃《ひらめ》く敵陣に〕に踏み込むことは〔困難ではあるが、勇者《ゆうしゃ》ならば〕可能である。〔しかし〕中庸《ちゅうよう》は〔わずかによくない欲望があれば心のバランスが失われ、実践は〕不可能である」と。

❖❖❖❖

ここでは、知《ち》・仁《じん》・勇《ゆう》の三徳の実践と比較して、中庸《ちゅうよう》の実践の難しさを述べています。「天下《てんか》国家《こっか》も均《ひと》しくすべし」は知、「爵禄《しゃくろく》も辞《じ》すべし」は仁、「白刃《はくじん》も踏《ふ》むべし」は勇に関することで、それぞれたいへん難しいことです。しかし、知者・仁者・勇者など一つの方面に突出した資質や能力の持ち主ならば不可能ではありません。いっぽう中庸の道は、特別ではないありふれた日常のあり方なので、実践は易しそうです。しかし、わずかに過度な感情（よくない欲望）が生じれば心に偏《かたよ》りが生まれてほどよさが失われるため、中庸の実践は不可能となるのです。

このように説明すると、知・仁・勇の三徳とは別に中庸があるようですが、そうではありません。朱子は弟子との問答で次のように述べています。「中庸は知・仁・勇の三者の間にあり、これらとは別に道理があるのではない。知・仁・勇をほどよく実践できたなら、それこそが中庸だ」と（『朱子語類《しゅしごるい》』巻六十三）。

勇者・子路への教え――真の強さとは（第十章）

子路《しろ》　強《きよう》を問《と》う。

子曰《しいわ》く、「南方《なんぽう》の強《きよう》か、北方《ほっぽう》の強《きよう》か、抑而《そもそもなんじ》の強《きよう》か。寛柔以《かんじゆうもっ》て教《おし》え、無道《むどう》に報《むく》いざるは、南方《なんぽう》の強《きよう》なり。君子之《くんしこれ》に居《お》る。金革《きんかく》を衽《しとね》とし、死《し》して厭《いと》わざるは、北方《ほっぽう》の強《きよう》なり。而《しこう》して強者之《きようしやこれ》に居《お》る。故《ゆえ》に君子《くんし》は和《わ》して流《なが》れず。強《きよう》なるかな矯《きよう》たり。中立《ちゆうりつ》して倚《かたよ》らず。強《きよう》なるかな矯《きよう》たり。国《くに》に道有《みちあ》れば、塞《そく》を変《へん》ぜず。強《きよう》なるかな矯《きよう》たり。国《くに》に道無《みちな》ければ、死《し》に至《いた》るも変《へん》ぜず。強《きょう》なるかな矯《きょう》たり」と。

◆子路問レ強。

子曰、南方之強与、北方之強与、抑而強与。寛柔以教、不レ報二無道一、南方之強也。君子居レ之。衽二金革一、死而不レ厭、北方之強也。而強者居レ之。故君子和而不レ流。強哉矯。中立而不レ倚。強哉矯。国有レ道、不レ変レ塞焉。強哉矯。国無レ道、至レ死不レ変。強哉矯。

子路《しろ》（孔子《こうし》の弟子の仲由《ちゅうゆう》）が強さについてお尋ねした。

先生はおっしゃった、「〔強さも様々だが、お前の言うのは〕南方の人の強さかね、北方の人の強さかね、それともお前の〔学ぶ者としてなすべき〕強さのことかね。

大らかに穏やかに教え導き、道理《どうり》に外《はず》れた横暴にも報復しない、これが南方の人の強さである。〔一般の〕君子《くんし》はこの強さに身を置く。

刀や槍《やり》・鎧兜《よろいかぶと》を敷物《しきもの》として〔常に身辺から離さず〕、〔戦闘におよんでは〕死をも避けない、これが北方の人の強さである。そして〔一般の〕強者《きようしや》はこの強さに身を置く。

〔しかし、南方の強さも北方の強さも極端で、これらはお前のなすべき強さではない。〕だから〔真の〕君子《くんし》は、人と調和しながら人に流されない。まことに強いことよ。中道《ちゆうどう》に立って一方に偏《かたよ》ることがない。まことに強いことよ。国に道義がゆきわたり治まっていれば〔君主に仕え、たとえ出世しても〕出世する前から抱いていた理想を変えない。まことに強いことよ。国に道義が行われずに乱れていれば〔役職から身を引いて〕、たとえ死んでも〔平生抱いている理想を〕変えない。まことに強いことよ。

❖　❖　❖　❖

この章は、勇者・子路《しろ》に対して孔子《こうし》が、「南方の強さ」とも「北方の強さ」とも異なる、言わば「理想としてめざすべき中庸の強さ」とはどういうものかを説いています。「子路《しろ》」は、姓は仲《ちゆう》、名は由《ゆう》といい、子路はその字《あざな》です。孔門《こうもん》の十哲《じつてつ》の一人で、孔子とわずか九歳違いの最年長の弟子でした。無鉄砲で一本気な性格ゆえに、孔子からしばしば無礼や無謀をたしなめられていますが、たいへん愛された弟子でした。『論語《ろんご》』には「由《ゆう》（子路の名）や果《か》（果断）なり」「由《ゆう》や勇《ゆう》を好《この》むこと我《われ》に過《す》ぎたり」など、子路の決断力や勇気を評した孔子の言葉が見えます。後に衛《えい》国に仕え、後継者をめぐる内乱で身《み》を挺《てい》して主君を守り命を落としました。勇敢な子路らしい最期《さいご》でした。

「南方」「北方」とはだいたい中国の長江《ちょうこう》流域（南方）と黄河《こうが》流域（北方）を指します。現在の中華人民共和国の国土面積は、日本の約二十五倍、ヨーロッパ大陸がすっぽりと収まるほどの広大さです。ですから、同じ中国人でも南方と北方では体格・性格などが大きく違います。言語学者で評論家の林語堂《りんごどう》（一八九五〜一九七六）はエッセイの中で両者の違いをこう述べています。北方の人は厳しい風土に慣れ、背が高く、がっしりした体格で、性格は誠実で快活、拳法家《けんぽうか》や武人《ぶじん》が多く出た。いっぽう南方の人は、穏やかな風土に慣れ、教養があり頭脳は発達しているが、体力はなく、商人や学者としては優れるが、戦場では臆病《おくびょう》である、と（鋤柄治郎《すきがらじろう》訳『中国＝文化と思想』、講談社学術文庫）。

孔子は、「しなやかだが柔軟に過ぎる南方の強さ」と「勇ましいが剛強に過ぎる北方の強さ」とを挙げた上で、子路にはこれとは別の真の強さ―「人と調和しつつ同化せず

（和して流れず）」、「中正を守って偏らず（中立して倚《かたよ》らず）」、「つねに道義を守って志を変えない（国に道有れば、塞《そく》を変ぜず。国に道無ければ、死に至るも変ぜず）」という生き方を説くのでした。「塞《そく》を変《へん》ぜず」の「塞」は、人生において道が塞《ふさ》がった状況、まだ君主に仕えず活躍の場がない不遇《ふぐう》な状況です。つまり「塞を変ぜず」とは一言でいえば初志貫徹、立身出世《りっしんしゅっせ》しても不遇な時に抱いた理想を変えない意志の堅さをいいます。

君子は中庸に依《よ》る（第十一章）

子《し》曰《いわ》く、「隠《かく》れたるを索《もと》め怪《あや》しきを行《おこな》うは、後世《こうせい》述《の》ぶること有《あ》らん。吾《われ》は之《これ》を為《な》さず。

君子《くんし》は道《みち》に遵《したが》いて行《おこな》い、半途《はんと》にして廃《はい》す。吾《われ》は已《や》む能《あた》わず。

君子《くんし》は中庸《ちゅうよう》に依《よ》り、世《よ》を遯《のが》れて知《し》られずして悔《く》いず。唯《た》だ聖者《せいじゃ》のみ之《これ》を能《よ》くす」と。

◆子曰、索（素）レ隠行レ怪、後世有レ述焉。吾弗レ為レ之矣。
君子遵レ道而行、半塗而廃。吾弗レ能レ已矣。
君子依二乎中庸一、遯レ世不レ見レ知而不レ悔。唯聖者能レ之。

先生がおっしゃった、「隠れて偏《かたよ》った理屈《りくつ》を深く追い求めたり、怪しく奇妙なことを行ったりすることは、〔注目されることによって世間を欺き上辺《うわべ》だけの名声を得られるので〕後世にそれを受け継ぐ者も有るだろう。しかし、私はそんなことはしない。

君子は〔善を知る能力があり善を択《えら》べるので〕道に従って実践はするが、〔実行力においては力が足りないことがあり〕途中でやめてしまう。しかし、私は〔内なる誠意のままにおのずと実践しているので〕やめることはできない。

君子《くんし》は中庸《ちゅうよう》を拠《よ》りどころとし、〔道義の行われない乱世には〕世間から隠遁《いんとん》して名が知られなくても後悔しない。これは、ただ聖人だけにできることだ」と。

❖　❖　❖　❖

ここまで子思《しし》は、中庸《ちゅうよう》に関する孔子《こうし》の言葉を引用する形で、中庸にいたる足がかりとしての知《ち》・仁《じん》・勇《ゆう》の三徳に触れながら、第一章の趣旨を説明してきました。この章はその締めくくりで、聖人こそが中庸の道を実践できることを述べています。

冒頭の「隠《かく》れたるを索《もと》め（索隠）」の「索」の字は、もともと「素隠」とありました、朱子《しゅし》は『漢書《かんじょ》』芸文志《げいもんし》に「子曰、索隠行怪……」とあるのにもとづき、「素」を字形の類似による誤りとしました。ここではそれに従い「索」に改めました。

「隠《かく》れたるを索《もと》め怪《あや》しきを行う」とは、人知の遠く及ばないことを無理に穿《うが》って知ろうとしたり、人と違って目新しく変わったことをわざわざ行うことです。神秘的な予言や予知、人気取りのパフォーマンスなどがそれに当たるでしょうか。それらは世の人々の耳目《じもく》を引くので、それを鵜呑《うの》みにして追従する人も少なくないでしょう。しかし、それは偏《かたよ》らずほどよく（中）平凡で日常的（庸）な中庸の道とは相反《あいはん》するあり方です。よって、孔子はそんなことはせず、何をするにもひたすら中庸を拠《よ》りどころにして行うというのです。

「世《よ》を遯《のが》れて知《し》られず」というのは隠遯《いんとん》（＝隠遁《いんとん》）すること、世間《せけん》から身を引き、人知れず隠れ住むことです。「悔《く》いず」とはいうものの、儒教《じゅきょう》が隠遁を積極的に肯定しているわけではありません。むしろ知識教養を身に着けた者は、君主に仕えて政治に貢献し、功績に応じた名声を得ることを理想としました。隠遁は決して望むところではなく、道義のない俗世に抵抗するための苦渋《くじゅう》の選択でした。「〔子《し》曰《いわ》く〕天下《てんか》に道有《みちあ》れば則《すなわ》ち見《あら》われ（仕え）、道無《みちな》ければ則《すなわ》ち隠《かく》る（隠遁する）」（『論語《ろんご》』泰伯《たいはく》篇）とあるように、出処進退《しゅっしょしんたい》（進むか退くか）で適切な行動をとるのが聖人の「時中《じちゅう》（時に中《あた》る）」の生き方です。

ちなみに、儒教における隠遁は、道義の有無という世俗《せぞく》のあり方が原因ですから、世俗への強い関心を持ち続けています。その点、日本の隠遁の多くが仏教《ぶっきょう》の無常観《むじょうかん》（すべては移ろいゆくという見方）や厭離穢土《おんりえど》（穢《けが》れた俗世を捨てる）の考えから世俗との交わりを断ち切ったのとは大きく異なります。

■コラム8　『中庸』と出土文献「性自命出」と

『中庸《ちゅうよう》』の作者は、司馬遷《しばせん》の『史記《しき》』が「子思《しし》は中庸を作る」（孔子世家《こうしせいか》）と記すことから、孔子《こうし》の孫の子思（前四九二？～前四三一？）であるとされてきました。

もっとも、『中庸』を子思の作ではないのではないかと疑う学者もありました。

『中庸』第一章に「天《てん》の命《めい》ずる之《これ》を性《せい》と謂《い》い、性《せい》に率《したが》う之《これ》を道《みち》と謂《い》い、道《みち》を修《おさ》むる之《これ》を教《おし》えと謂《い》う」とありますが、文献を実証的に分析する近代研究の立場からは、天を根源として「天↓命↓性↓道↓教」と展開する、これほど論理的に整理された思想が子思の時代に存在したとは考えにくいという見方が示されるようになりました。

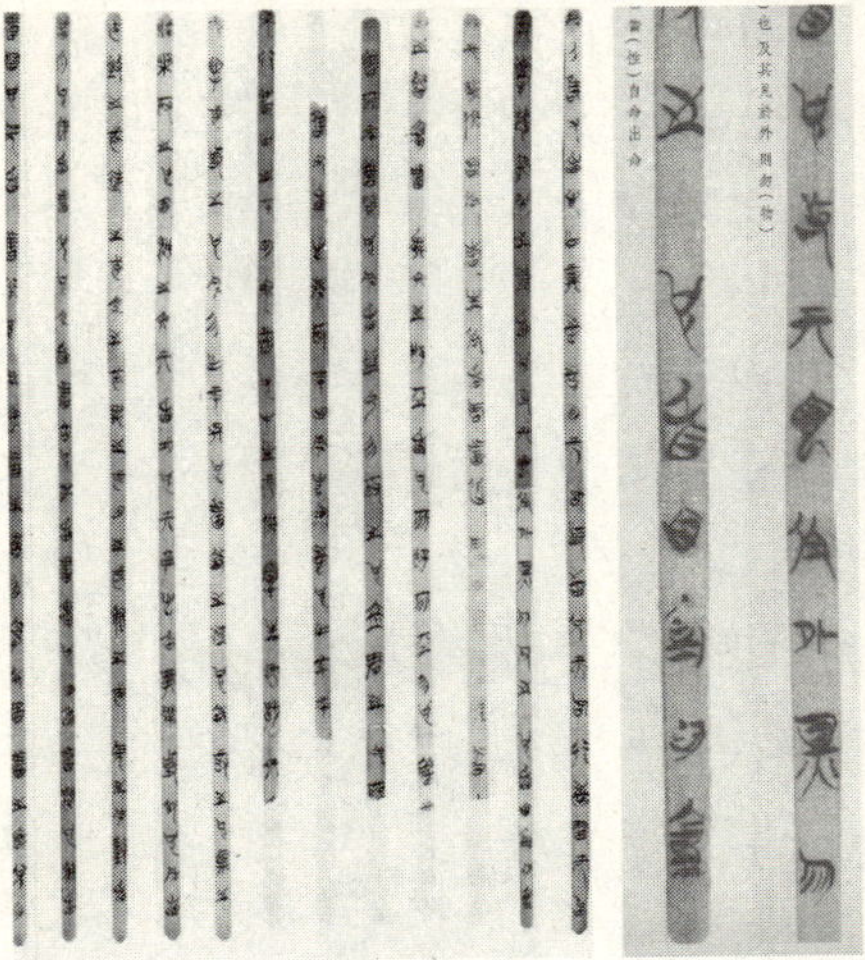

郭店楚簡『性自命出』
（『郭店楚墓竹簡』文物出版社）

たとえば厳密な文献批判で画期的な研究業績をあげた思想史家・津田左右吉《つだそうきち》（一八七三〜一九六一）は、『中庸』は孟子《もうし》の思想を受けたもので、子思から三百年も時代を下った前漢時代に『老子《ろうし》』『荘子《そうし》』など道家思想と結びついて成立したものだと考えました。

『中庸』の成立時期に関するこのような考え方は、さらに多くの研究者によって補強され、通説となっていきました。

しかし、この通説が大きな見直しを迫られる出来事が起こります。一九九三年十月、中国の湖北省荊門市《こほくしょうけいもんし》にある郭店一号楚墓《かくてんいちごうそぼ》が発掘され、そこから多くの副葬品とともに八百枚におよぶ戦国時代の竹簡《ちくかん》（文字を書き記すための竹の札《ふだ》）が出土しました。そのうち六十七枚の竹簡からなる「性自命出《せいじめいしゅつ》」と名付けられた文献に、なんと『中庸』冒頭と類似する思想が次のような言葉でつづられていたのです。

性《せい》は命《めい》より出《い》で、命《めい》は天《てん》より降《くだ》る。道《みち》は情《じょう》に始《はじ》まり、情《じょう》は性《せい》より生《しょう》ず。

（性自命出、命自天降。道始於情、情生於性。）

ここには、天から命が降《くだ》され、その命から性が出、その性から情が生まれ、その情から道が始まるという、「天→命→性→情→道」といった関係が端的に記されています。

この郭店一号楚墓の造営時期は、墓の形態・副葬品・竹簡の字体などから紀元前三〇〇年頃のものと推定されました。よってその墓の副葬品である竹簡に記された文献自体の成立はさらに時代をさかのぼり、孔子（前五五一〜前四七九）と孟子（前三七二年頃〜前二八九年頃）との中間に位置するものと考えられることとなりました。

その結果、「性自命出」と類似の内容をもつ『中庸』も、必ずしも秦や漢の時代まで下ってはじめて成立しうる思想とはいえなくなったのです。むしろ作者を子思とした『史記』以来の伝統的な理解のほうが真実に近い、そういう可能性も高まったといえるでしょう。

3 広大明白な現象（費）と隠微な原理（隠）と——第十二章〜第十七章

第十二章から第二十章までの九章は、子思《しし》が第一章の「道《みち》は須臾《しゆゆ》も離《はな》るべからざるなり」の意味を、『詩経《しきよう》』や孔子《こうし》の言葉を引用しながら説明するもので、一つのまとまりをなしています。このまとまりの基調となるのが「君《くん》子《し》の道《みち》は費《ひ》にして隠《いん》なり（君子の行うべき道は、その作用・現象は広く明らかだが、道理は微《かす》かだ）」という趣旨を述べた第十二章です。

そして第十三章以下は、第十二章の「費《ひ》（広く明らかな道理の作用・現象）」と「隠《いん》（微《かす》かな道理の本体）」とを説明しながら展開されます。朱子の考えでは、第十三章〜第十五章は費の小さなもの、第十七章〜第十九章は費の大きなもの、鬼《き》神《しん》（霊的、スピリチュアルな存在）を述べた中間の第十六章、および最後の第二十章は、ともに費・隠の大きなもの・小さなものを併せ含んだもの、という構成になっています（第十八・十九章は省略。第二十章は長文なので次章で取り上げます）。

では、まず基調となる第十二章を読んでみましょう。

君子の道は、費にして隠なり（第十二章）

君子《くんし》の道《みち》は、費《ひ》にして隠《いん》なり。

夫婦《ふうふ》の愚《ぐ》も、以《もっ》て与《あずか》り知《し》るべきなり。其《そ》の至《いた》れるに及《およ》んでは、聖人《せいじん》と雖《いえど》も亦《ま》た知《し》らざる所有《ところあ》り。夫婦《ふうふ》の不肖《ふしょう》も、以《もっ》て能《よ》く行《おこな》うべきなり。其《そ》の至《いた》れるに及《およ》んでは、聖人《せいじん》と雖《いえど》も亦《ま》た能《よ》くせざる所有《ところあ》り。天地《てんち》の大《だい》なるも、人猶《ひとな》お憾《うら》む所有《ところあ》り。故《ゆえ》に君子《くんし》大《だい》を語《かた》れば、天下《てんか》能《よ》く載《の》すること莫《な》く、小《しょう》を語《かた》れば、天下《てんか》能《よ》く破《やぶ》ること莫《な》し。

詩《し》に云《いわ》く、「鳶《とび》飛《と》んで天《てん》に戻《いた》り、魚《うお》淵《ふち》に躍《おど》る」と。其《そ》の上下《しょうか》に察《あき》らかなるを言《い》うなり。

君子《くんし》の道《みち》は、端《たん》を夫婦《ふうふ》に造《な》す。其《そ》の至《いた》れるに及《およ》んでは、天地《てんち》に察《あき》らかなり。

◆君子之道、費而隠。

夫婦之愚、可二以与知一焉。及二其至一也、雖二聖人一亦有レ所レ不レ知焉。夫婦之不肖、可二以能行一焉。及二其至一也、雖二聖人一亦有レ所レ不レ能焉。天地之大也、人猶有レ所レ憾。故君子語レ大、天下莫二能載一焉、語レ小、天下莫二能破一焉。詩云、鳶飛戻レ天、魚躍二於淵一。言二其上下察一也。君子之道、造二端乎夫婦一。及二其至一也、察二乎天地一。

君子《くんし》の行うべき道は、〔見聞きできる道理の作用・現象としては〕広く果てしないもの（費《ひ》）でありながら、〔その作用・現象の内にあってそれを成り立たせている道理の本体は、感覚ではとらえられず〕隠れて微《かす》かなもの（隠《いん》）である。〔その道理の作用・現象について言えば〕庶民の愚かな夫婦でも〔身近な生活の範囲内ならば〕与《あずか》り知ることができる。しかし、その〔広大な〕極致ともなれば、聖人でもわからないところがある。庶民の愚かな夫婦でも〔身近な生活の範囲内ならば〕実践することができる。しかし、その〔広大な〕極致ともなれば、聖人でもできないことがある。〔聖人だけでなく〕広大な天地でさえ〔道理を十分に発現し尽くしておらず、天候不順や自然災害のような異常があり〕、人もなお不満に思うほどである。〔さほどに道理は天地の間に行きわたっており〕だから君子は〔道理の〕大きさを語れば、世界にそれを載せられるものはなく、〔道理の〕小ささを語れば世界にそれ以上に分割できるものはない。〔このように道理の作用・現象は、極大から極小にまで及んでいるのである。〕『詩経《しきよう》』（大雅《たいが》・旱鹿篇《かんろくへん》）に言う、「鳶《とび》は飛んで天までとどき、魚《うお》は淵《ふち》の底で踊る」と。〔これは道理の万物を生み育てる作用・現象が天地に及び〕上にも下にも明らかになっていることを言うのである。〔道理の作用・現象は上に下にかくも活《い》き活きと行きわたっているが、そうさせている道の本体は見聞きできず隠微なのである。〕

君子の行うべき道は、庶民の夫婦の日常生活という身近なところに端緒《たんしよ》（いとぐち）が開かれている。〔しかし〕その広大な極致となれば、天にも地にもあまねく明らかに現われるのである。

❖　❖　❖　❖

この章は、子思《しし》が第一章の「道《みち》なる者は、須臾《しゅゆ》も離《はな》るべからざるなり」の意味を説明するものです。

「君子《くんし》の道《みち》は費《ひ》にして隠《いん》なり」の「費」とは、道理の作用（はたらき）を意味し、その作用は目の前に広がる日常の世界に現象としてありありと現われています。よって、費（道理の作用・現象）は明白です。いっぽう「隠」とは、道理の本体を意味します。道理の本体は作用・現象の内にそなわって作用・現象を成り立たせている根拠です。作用・現象は見たり聞いたりして感覚でとらえられますが、道理の本体は作用・現象の背後に潜んでいるものなので感覚でとらえることはできません。いわば理性の目によってのみとらえられる観念的なものです。例えば、樹木が茂るのは、樹木を樹木として生み育《はぐ》くむ道理が樹木にそなわっているからですが、樹木の茂るさま（作用・現象）は見ることができても、樹木を茂らせている何か（道理の本体）は見えません。しかし、その何かは、見えないけれどもある、見えないものでもあるのです。「君子の道は費にして隠なり」といいながら、説かれるのは専ら「費」ばかりのようですが、「費」の背後には見えないけれども「隠（道理の本体）」が潜んでいると考えてください。

第一章に「道なる者は、須臾も離るべからざるなり」とあったように、道は人の本性から展開されるものなので、日常の世界を離れては存在し得ません。「夫婦《ふうふ》の愚《ぐ》」「夫婦《ふうふ》の不肖《ふしょう》」とは、種々の人間関係のうち夫婦関係がもっとも親密なので、身近な日常生活の代表として挙げられたものです。つまり、道理の作用・現象（費）は、庶民でも、身近な日常生活のレベルならば、親を敬い子を慈《いつく》しむといったことを知り行えます。しかし、作用・現象はそのような身近な日常生活のレベルにとどまらず、その極致はこの天地の間、世界のすべてに及びます。そうなると、いかに優れた知徳をそなえた聖人でも、知り尽くせないところ、行い尽くせないところがでてきます。道理の作用・現象（費）は、それほど広大無辺で、極大から極小まで天地の間にあまねく行きわたっているのです。

しかし、費（道理の作用・現象）とか隠（道理の本体）とか言われてもピンと来ませんね。そこで子思は『詩経《しきょう》』の一節を引用して、道理の作用・現象（費）が天地の間にあまねく行きわたっている様子を感覚的にわかるように具体的なイメージをもって示してくれました。それが「鳶《とび》飛《と》んで天《てん》に戻《いた》り、魚《うお》淵《ふち》に躍《おど》る（鳶は鳶らしく高く天に至り、魚は魚らしく深い淵で踊る）」です。鳶も魚もそれぞれが天から受けた道理（＝本性《ほんせい》）のまま悠々自適《ゆうゆうじてき》にその在《あ》り様《よう》（道理）を発揮していることを、活《い》き活きとした文学的表現を借りて説明しています。「柳《やなぎ》は緑《みどり》、花《はな》は紅《くれない》」という禅語《ぜんご》（仏教の禅宗《ぜんしゅう》で用いられる言葉）も、あらゆるものがそれぞれの在《あ》り様《よう》に安らいでいるさまを言うもので、この詩の一節と同様の意味を表わしています。

道は人に遠からず（第十三章）

子《し》曰《いわ》く、「道《みち》は人《ひと》に遠《とお》からず。人《ひと》の道《みち》を為《な》して人《ひと》に遠《とお》きは、以《もっ》て道《みち》と為《な》すべからず。

『詩《し》』に云《いわ》く、『柯《か》を伐《き》り柯《か》を伐《き》る、其《そ》の則《のりとお》遠からず』と。柯《か》を執《と》りて以《もっ》て柯《か》を伐《き》り、睨《げい》して之《これ》を視《み》るも、猶《な》お以《もっ》て遠《とお》しと為《な》す。故《ゆえ》に君子《くんし》は人《ひと》を以《もっ》て人《ひと》を治《おさ》め、改《あらた》めて止《や》む。

忠恕《ちゅうじょ》は道《みち》を違《さ》ること遠《とお》からず。諸《これ》を己《おのれ》に施《ほどこ》して願《ねが》わざれば、亦《また》た人《ひと》に施《ほどこ》すこと勿《なか》れ。

君子《くんし》の道《みち》は四《し》、丘《きゅう》は未《いま》だ一《いつ》も能《よ》くせず。子《こ》に求《もと》むる所《ところ》、以《もっ》て父《ちち》に事《つか》うるは、未《いま》だ能《よ》くせざるなり。臣《しん》に求《もと》むる所《ところ》、以《もっ》て君《きみ》に事《つか》うるは、未《いま》だ能《よ》くせざるなり。弟《おとうと》に求《もと》むる所《ところ》、以《もっ》て兄《あに》に事《つか》うるは、未《いま》だ能《よ》くせざるなり。朋友《ほうゆう》に求《もと》むる所《ところ》、先《ま》ず之《これ》を施《ほどこ》すは、未《いま》だ能《よ》くせざるなり。庸徳《ようとく》を之《こ》れ行《おこな》い、庸《よう》言《げん》を之《こ》れ謹《つつし》み、足《た》らざる所有《ところあ》れば、敢《あ》えて勉《つと》めずんばあらず、余《あま》り有《あ》れば、敢《あ》えて尽《つく》さず。言《げん》は行《おこな》いを顧《かえり》み、行《おこな》いは言《げん》を顧《かえり》みる。君子《くんし》胡《なん》ぞ慥慥爾《ぞうぞうじ》たらざらん」と。

◆子曰、道不レ遠レ人。人之為レ道而遠レ人、不レ可ニ以為レ道。

詩云、伐レ柯伐レ柯、其則不レ遠。執レ柯以伐レ柯、睨而視レ之、猶以為レ遠。

故君子以レ人治レ人、改而止。

忠恕違レ道不レ遠。施二諸己一而不レ願、亦勿レ施二於人一。

君子之道四、丘未レ能レ一焉。所レ求二乎子一、以事レ父、未レ能也。所レ求二乎臣一、以事レ君、未レ能也。所レ求二乎弟一、以事レ兄、未レ能也。所レ求二乎朋友一、先施レ之、未レ能也。庸徳之行、庸言之謹、有レ所レ不レ足、不二敢不レ勉、有レ余、不二敢尽一。言顧レ行、行顧レ言。君子胡不二慥慥爾一。


先生（孔子）はおっしゃった、「道は〔天が人に与えた本性《ほんせい》に従うもので、誰しも知り行えるものであるから〕人から遠く離れてはいない。人が道を実践して〔日常の身近なことをつまらぬことと不足に思い、努めて高遠な難事を行って〕人から遠く離れたならば、そのようなものを道ということはできない。

『詩経』（豳風《ひんぷう》・伐柯《ばつか》篇）に言う、『斧《おの》の柄《え》〔にする木の枝〕を伐《き》り、斧の柄〔にするの木の枝〕を伐る。その手本は遠くない』と。斧の柄を手に執《と》って斧の柄〔にする木の枝〕を伐るには、横目でチラチラと木の枝と手本となる柄とを見比べればよいのだが、それでも〔木の枝と柄とは別物なので〕やはり遠いといえる。だから、君子は〔人の本性にもとづく〕人〔の道〕によって人を治め、改まったならば〔道は高遠なことではないから、過度な要求はせず〕終わりにする。まごころ（忠《ちゅう》）と思いやり（恕《じょ》）とは〔人（自分）のまごころを人（他者）に推し及ぼすことであるから〕人の道を遠く離れたものではない。自分が他者からされて望まないことは、他者にもしない〔これがすなわち忠恕の行為である〕。

君子の行うべき道には四つあるが、丘《きゅう》（孔子《こうし》の本名。つまり私）はまだ一つさえよく行えない。自分が子供に求めるありかた〔それを我が身に振り向けて〕、そのありかたによって自分が父に仕える、私はまだそれができない。自分が臣下に求めるありかた〔それを我が身に振り向けて〕、そのありかたによって自分が君主に仕えること、私にはまだそれができない。自分が弟に求めるありかた〔それを我が身に振り向けて〕、そのありかたによって自分が兄に仕えること、私にはまだそれができない。自分が友人に求めること〔それを我が身に振り向け〕、それを先に自分からしてやること、私にはまだそれができない。日常の当たり前の徳〔庸徳《ようとく》〕を行い、日常の何気ない言葉〔庸言《ようげん》〕を慎んで、〔徳の実践に〕不十分なところがあれば〔果敢に実践に〕努め、〔言葉に〕過剰なところがあれば〔慎重に言葉を選んで〕敢《あ》えて言い尽くすことはしない。言葉には実行〔が伴っているかどうか〕に気をつけ、実行には言葉〔に沿っているかどうか〕に気をつける。〔このように〕君子〔の言行〕は何と真心《まごころ》のこもった誠実なものではないか」と。

❖　❖　❖　❖

この章は、子思が孔子の言葉を引用する形で、第十二章にいう「費《ひ》（道理の作用・現象）」を説明するものです。

冒頭の一節「道《みち》は人《ひと》に遠《とお》からず。人《ひと》の道《みち》を為《な》して人《ひと》に遠《とお》きは、以《もっ》て道《みち》と為《な》すべからず」がこの章の主題ですが、これは第一章の「道《みち》なる者《もの》は、須臾《しゅゆ》も離《はな》るべからざるなり。離《はな》るべきは道《みち》に非《あら》ざるなり」と同じ趣旨の言葉です。道というものは、心にそなわった本性に従って立ち現われるものなので、人から遠いものではない。人でありながら遠く距離をとれるもの、そんなものは人の道ではない。つまり、道の日常性を重ねて強調するのです。

「道は人に遠くない」ということを具体的なイメージによって説明するのが、「柯《か》を伐《き》り柯《か》を伐《き》る、其《そ》の則遠《のりとお》からず」という詩の一節です。斧《おの》の柄《え》（柯《か》）を作ろうとして木の枝を切るとき、いま握っている斧の柄を手本《てほん》にすればよい。つまり手本は横目でチラチラながめるだけで見えるほど近くにあります。しかし、それでも切られる木の枝と手本の柄とは別物ですから距離があります。しかし、君子《くんし》が人を治める場合、行為の基準（手本）は人の本性《ほんせい》に根差した人の道です。すべての人に共通する人の道を基準にして人を治めるのですから、治められる人と治める基準（人の道）との間にわずかの距離もありません。まさに「道は人に遠からず」です。

『大学』の第十章に「絜矩《けつく》の道《みち》」が見えましたが、ここではそれと同様の倫理《りんり》説として知られる「忠恕《ちゅうじょ》」が説かれます。「忠」は、「中」と「心」との合字《ごうじ》で、真ん中の心、すなわちまごころの意味。「恕」は、「如」と「心」との合字で、己《おのれ》の心の如《ごと》く他者の心を思うこと、すなわち思いやりを指します。つまり「忠恕」とは、自分の真心《まごころ》を尽くし、自分の心を基準にして他人の心を推し量ることです。『論語《ろんご》』に孔子の言葉として「〈生涯を通して行うべきことを一言でいえば〉それは恕《じょ》（思いやり）だなあ。自分が人からされたくないことは、人にもしないことだ（其《そ》れ恕《じょ》か。己《おのれ》の欲《ほっ》せざる所《ところ》は、人《ひと》に施《ほどこ》すこと勿《なか》れ）」（衛霊公篇《えいれいこう》）とありますが、この章の「忠恕《ちゅうじょ》は道《みち》を違《さ》ること遠《とお》からず。諸《これ》を己《おのれ》に施《ほどこ》して願《ねが》わざれば、亦《ま》た人《ひと》に施《ほどこ》すこと勿《なか》れ」もそれと同じ意味です。

素して行う――今いる場所で生きる（第十四章）

君子《くんし》は其《そ》の位《くらい》に素《そ》して行《おこな》い、其《そ》の外《ほか》を願《ねが》わず。富貴《ふうき》に素《そ》しては富貴《ふうき》に行《おこな》い、貧賤《ひんせん》に素《そ》しては貧賤《ひんせん》に行《おこな》い、夷狄《いてき》に素《そ》しては夷狄《いてき》に行《おこな》い、患難《かんなん》に素《そ》しては患難《かんなん》に行《おこな》う。君子《くんし》入《い》るとして自得《じとく》せざるは無《な》し。

上位《じょうい》に在《あ》りては下《しも》を陵《しの》がず、下位《かい》に在《あ》りては上《かみ》を援《ひ》かず、己《おのれ》を正《ただ》して人《ひと》に求《もと》めざれば、則《すなわ》ち怨《うら》み無《な》し。上《かみ》天《てん》を怨《うら》みず、下《しも》人《ひと》を尤《とが》めず。

故《ゆえ》に君子《くんし》は易《い》に居《い》て以《もっ》て命《めい》を俟《ま》ち、小人《しょうじん》は険《けん》を行《おこな》いて以《もっ》て幸《こう》を徼《もと》む。

子曰《しいわ》く、「射《しゃ》は君子《くんし》に似《に》たる有《あ》り。諸《これ》を正鵠《せいこく》に失《しつ》すれば、諸《これ》を其《そ》の身《み》に反求《はんきゅう》す」と。

◆君子素二其位一而行、不レ願二乎其外一。素二富貴一行二乎富貴一、素二貧賤一行二乎貧賤一、素二夷狄一行二乎夷狄一、素二患難一行二乎患難一。君子無三入而不二自得一焉。

在二上位一不レ陵レ下、在二下位一不レ援レ上、正レ己而不レ求二於人一、則無レ怨。上不レ怨レ天、下不レ尤レ人。

故君子居レ易以俟レ命、小人行レ険以徼レ幸。

子曰、射有レ似二乎君子一。失二諸正鵠一、反二求諸其身一。

君子《くんし》はいま自分が身を置いている立場・境遇に応じて〔なすべきことを〕行い、その外《ほか》〔の境遇・立場〕を願うことはない。

いま富貴《ふうき》に身を置いているなら、富貴において〔なすべきことを〕行い、いま貧賤《ひんせん》に身を置いているなら、貧賤において〔なすべきことを〕行い、いま夷狄《いてき》

〔異民族の住む異文化世界〕に身を置いているなら、夷狄において〔なすべきことを〕行い、いま患難《かんなん》に身を置いているなら、患難において〔なすべきことを〕行う。〔このように〕君子はどんな立場・境遇に至っても〔そこで自分がなすべきことを行い、自分以外に求めることがないので〕つねに悠悠自適《ゆうゆうじてき》なのである。

上役《うわやく》の立場に在《あ》っては下役《したやく》に対して〔言うことをきかせようと〕嵩《かさ》に掛《かか》らず、下役の立場に在っては上役に対して〔世話になろうと〕手蔓《てづる》を求めない。自分を正して他人に求めることがなければ、他人を怨むことはない。〔自分のなすべきことをなすのみだから〕上には天を怨まず、下には人を責めない。

だから君子《くんし》は〔外《ほか》を願わず無理のない〕平易な立場・境遇に身を置いて天命を待ち受け、〔逆に〕小人《しょうじん》は危なっかしい〔無理な〕ことを行って幸運を当てにする。

先生〔孔子《こうし》〕はおっしゃった、「射《しゃ》〔弓術《きゅうじゅつ》〕は君子〔のあり方〕に似ている。的《まと》を外《はず》せば、〔心の乱れか、姿勢の歪《ゆが》みかと反省し〕外れた原因を自分に求める」と。

❖
❖
❖
❖

この章は子思《しし》の言葉で、冒頭の「君子《くんし》は其《そ》の位《くらい》に素《そ》して行《おこな》い、其《そ》の外《ほか》を願《ねが》わず」が一章の主旨です。「位《くらい》」とは、その身を置いている状況で、「富貴《ふうき》」「貧賤《ひんせん》」「夷狄《いてき》」「患難《かんなん》」などの境遇や「上位」「下位」といった立場をいいます。「素《そ》」とは「現《げん》に～に在《あ》る」「ある状況にいま身を置いている」という意味です。つまり、君子は現に身を置いている状況において、いまここで何をなすべきかを考えて行動し、それ以外の状況を願うことはしない、というのです。先にみた「時中《じちゅう》（時《とき》に中《あた》る）」の生き方です。「其《そ》の位《くらい》に素《そ》して行《おこな》う」のと反対なのが、貧乏な境遇で金持ちを羨《うらや》んだり、上司として部下に服従を要求したり、部下として上司に庇護《ひご》を期待したり、という「其《そ》の外《ほか》を願《ねが》」って人に求める生き方です。自分の意志や努力による行為は意のままになり、悠悠自適《ゆうゆうじてき》な心境でいられます。しかし、ほかの境遇への羨望《せんぼう》や他人への要求・期待は、自分の意志や努力の範囲外のことなので、当然ながら思うにまかせません。ですから、君子は現状に応じて、自分がいま何をなすべきかを考えて、適切な行動を心がけるのです。

子思は、弓術《きゅうじゅつ》に関する孔子の言葉を引用して一章を終えています。古代中国において弓術は、武術としてだけではなく、知識人の必須《ひっす》の教養であった六芸《りくげい》の一つとして重んじられました。それも的《まと》に中《あ》てる技術や力量よりも、射場における礼儀作法や自分の心と体を正す修養の面が重視されたのでした。

ひとつ弓術に関する『孟子《もうし》』の文章を、五十沢《いざわ》二郎《じろう》の達意の翻訳で見てみましょう（『中国聖賢のことば』講談社学術文庫）。「愛は、弓を射るに似ている。なによりも、立場が正しくなければならない。愛は、弓を射るのに似ている。自分の矢がはずれたからといって、当てた隣人を怨《うら》むわけにはいかない。自分の未熟さを反省するよりほかはない。（仁《じん》は射《しゃ》の如《ごと》し。射《しゃ》は己《おのれ》を正《ただ》しくして後《のち》に発《はっ》す。発《はっ》して中《あた》らずとも、己《おのれ》に勝《か》つ者《もの》を怨《うら》まず。諸《これ》を己《おのれ》に反求《はんきゅう》するのみ）」（公孫丑《こうそんちゅう》上篇）。まさに本章の「己《おのれ》を正《ただ》して人《ひと》に求《もと》めず」という在り方そのものです。

近きより遠きへ、低きより高きへ（第十五章）

君子《くんし》の道《みち》は、辟《たと》えば遠《とお》きに行《ゆ》くに必《かなら》ず邇《ちか》きよりするが如《ごと》く、辟《たと》えば高《たか》きに登《のぼ》るに必《かなら》ず卑《ひく》きよりするが如《ごと》し。

詩《し》に曰《いわ》く、「妻子《さいし》好合《こうごう》し、瑟琴《しつきん》を鼓《こ》するが如《ごと》し。兄弟《けいてい》既《すで》に翕《あ》い、和楽《わらく》して且《か》つ耽《たの》しむ。爾《なんじ》の室家《しつか》に宜《よろ》しく、爾《なんじ》の妻帑《さいど》を楽《たの》しましむ」と。

子《し》曰《いわ》く、「父母《ふぼ》は其《そ》れ順《じゅん》なるかな」と。

◆君子之道、辟如㆓行㆑遠必自㆑邇、辟如㆓登㆑高必自㆑卑。
詩曰、妻子好合、如㆑鼓㆓瑟琴㆒。兄弟既翕、和楽且耽。宜㆓爾室家㆒、楽㆓爾妻帑㆒。

子曰、父母其順矣乎。


君子《くんし》の行うべき道は、譬《たと》えて言うなら、遠くへ行くには必ず近くから始め、高いところに登るには必ず低いところから始めるようなものだ。

『詩経《しきょう》』（小雅《しょうが》・常棣《じょうてい》篇）に、「妻や子供と和気藹藹《わきあいあい》、瑟《しつ》（弦の数の多い大型の琴）や琴《きん》を合奏するかのよう。兄弟すでに寄り集まり、打ち解けあって且《か》つ楽しむ。汝《なんじ》の一家みな仲よく、妻や子孫を楽しません」と。

先生は「この詩を誦《とな》えた後に称《たた》えて」おっしゃった、「〔一家みんな仲良くて〕父母はまことに安らぎ楽しんでおられようなあ」と。

この章も子思《しし》の言葉で、高く遠い目標に到達するには、必ず低く近い身近なところから順を追って進んでゆくべきだということを、『詩経《しきょう》』や孔子《こうし》の言葉を引用しながら説いています。

「辟《たと》えば遠《とお》きに行《ゆ》くに必《かなら》ず邇《ちか》きよりするが如《ごと》し」の「辟《ひ》」は、「譬喩《ひゆ》」の「譬」の意味を表す仮借《かしゃ》（当て字的な用法）です。「邇《ちか》き」は、第六章でみた「〔舜は〕邇言《じげん》を察《さっ》することを好《この》む」の「邇言」が身近な言葉をいうのと同じで、「近い」の意味です。

『詩経』小雅《しょうが》・常棣《じょうてい》篇は、兄弟をもてなす宴会で音楽に合わせて歌われる楽歌です。妻子や兄弟が打ち解けあう様子を、瑟《しつ》や琴《きん》といった異なる楽器の合奏に譬《たと》えています。「和楽《わらく》」の「和」は、異質なものが打ち解けあって全体でほどよい調和を得ることです。ドレミの音階や甘い辛い苦いの味がうまく打ち解けあってこそ美しい音楽やおいしい料理が生まれます。一つの音・一つの味だけでは「和」にはなりません。

妻子が睦《むつ》まじく、兄弟が打ち解けあって楽しければ、その結果、一家全体が仲良く、さらにその楽しみは子孫にまで及びます。そのような効用の広がりも、身近な妻子や兄弟との関係から始まるのです。

琴の演奏（『漢代物質文化資料図説』）

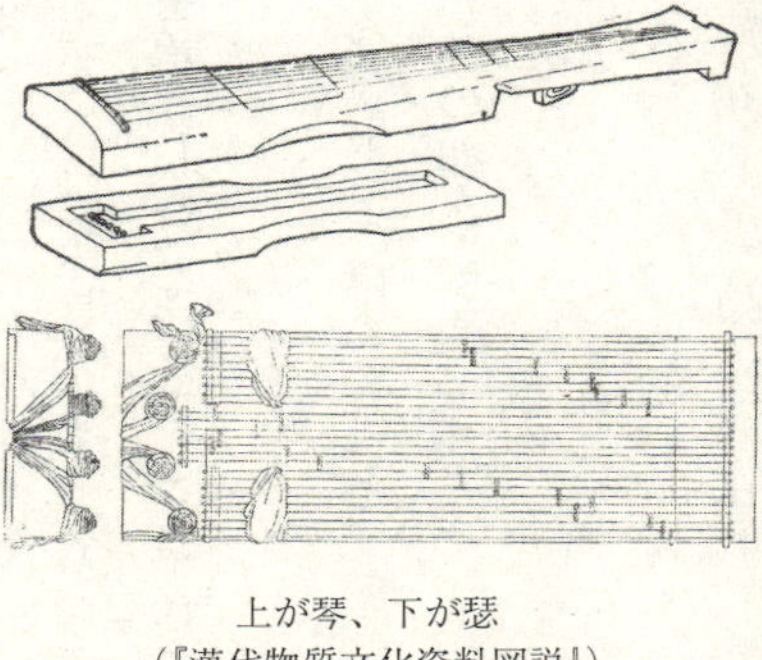

上が琴、下が瑟
（『漢代物質文化資料図説』）

鬼神――神霊の偉大さ（第十六章）

子《し》曰《いわ》く、「鬼《き》神《しん》の徳《とく》たる、其《そ》れ盛《さか》んなるかな。之《これ》を視《み》れども見《み》えず、之《これ》を聴《き》けども聞《き》こえず、物《もの》に体《たい》して遺《のこ》すべからず。天下《てんか》の人《ひと》をして斉明盛服《さいめいせいふく》して、以《もっ》て祭祀《さいし》を承《う》けしむ。洋洋乎《ようようこ》として其《そ》の上《かみ》に在《あ》るが如《ごと》く、其《そ》の左右《さゆう》に在《あ》るが如《ごと》し。詩《し》に曰《いわ》く、『神《しん》の格《いた》る、度《はか》るべからず、矧《いわ》んや射《いと》うべけんや』と。夫《そ》れ微《び》の顕《あきら》かなる、誠《まこと》の揜《おお》うべからざる、此《かく》の如《ごと》きかな」と。

◆子曰、鬼神之為㆑徳、其盛矣乎。
視㆑之而弗㆑見、聴㆑之而弗㆑聞、体㆑物而不㆑可㆑遺。
使㆔天下之人斉明盛服、以承㆓祭祀㆒。洋洋乎如㆑在㆓其上㆒、如㆑在㆓其左右㆒。
詩曰、神之格思、不㆑可㆑度思、矧可㆑射思。
夫微之顕、誠之不㆑可㆑揜、如㆑此夫。

先生はおっしゃった、「鬼神《きしん》（霊的、スピリチュアルな存在）の徳（万物を生み育《はぐく》む性質・作用）というものは、ほんとうに旺盛《おうせい》なものだなあ。〔鬼神は形も音もないので〕それに目を凝らしても見えず、耳を澄ましても聞こえないが、すべての物に形体を与えて漏れ落とすことがない。〔みな鬼神によって形体をそなえているのである。〕

世界の人々に、精進潔斎《しょうじんけっさい》して礼服に威儀を正し、〔畏敬《いけい》の念をもって〕祭祀《さいし》に奉仕させる。〔すると鬼神は降臨《こうりん》してあたりに満ちて〕モウモウとその上に在るかのよう、その左右に在《あ》るかのようである。

『詩経《しきょう》』（大雅《たいが》・抑篇《よく》）に言う、『神の降りて来るのは、予測できぬ。〔神は常に見ているから慎み畏《おそ》れるべきで〕まして嫌がり怠ってよかろうか』と。

そもそも、微《かす》かなことほど明らかなものはなく、真実は覆い隠せない、とはこのようなこと（鬼神の徳）をいうのだなあ」と。

❖　❖　❖　❖

この章および次章ともに冒頭に「子曰《しいわ》く」とあるように孔子《こうし》の言葉の引用です。

中国では古くから鬼神《きしん》の祭祀《さいし》（お祭り）が行われていました。「鬼神」は「おにがみ」と訓読みされる単語ですが、もともと「鬼」「神」は違う意味をもち、「鬼」は古い字形では、「由（死者の頭蓋骨《ずがいこつ》）」を被《かぶ》る「儿（人）」の形を象《かたど》り、死者の霊魂を意味します。いっぽう「神」は「示（神を祭る祭壇）」と「申（いなずま）」とを合わせた字で、自然界の神々を指します。それらを合わせたのが鬼神で、広く祭祀や信仰を受ける霊的、スピリチュアルな存在を指すようになりました。

その祭祀の理論と儀礼とを整備したのが儒教《じゅきょう》でした。儒教は仁《じん》（人間愛）の根本に孝《こう》（親への敬愛）を置きましたから、生きている親に敬愛を尽くすだけではなく、死後も親や祖先の霊魂を祭ること（祖先祭祀）を大切にしました。つまり、孝とは、単に存命《ぞんめい》の親への孝養にとどまらず、亡き父母や祖先への祭祀、さらには祭祀を引き継ぐ子孫を残すことをも含むものでした。

儒教《じゅきょう》では、人は精神と肉体とから成り立つと考え、精神をつかさどるものを「魂《こん》」、肉体をつかさどるものを「魄《はく》」と呼びました。そして、人が死ぬと魂魄《こんぱく》は分離し、魂はフワフワと雲のように天に上り、魄は地下へ入るとされました。祖霊の祭祀とは、この分離した魂魄を合体させ、一時的に死者をこの世に再生させ、家族の団欒《だんらん》を再現する行為でした。古くは白骨化した頭蓋骨（魄）を廟《びょう》（御霊屋《みたまや》）に納めておき、祭祀によって魂を招き寄せて、頭蓋骨に寄り憑《よつ》かせました。先にみた「鬼」の字は、魂を憑依《ひょうい》させる頭蓋骨を被った人（形代《かたしろ》・依代《よりしろ》という）の姿で、死者（の霊魂）を表わします。のちに頭蓋骨は木製のプレートに代えられました。それを木主《もくしゅ》あるいは神主《しんしゅ》といい、いま仏壇に納められている位牌《いはい》の原型です（加地伸行《かぢのぶゆき》『沈黙の宗教―儒教』、筑摩書房）。頭蓋骨から木主・神主へと形は変わっても、魂を招いて魄に寄り憑かせるという行為の本質に変わりはありません。子孫は祖先の魂を招いて祭祀の場に降臨してもらうのです。この章にも、精進潔斎《しょうじんけっさい》して祭祀《さいし》を行い、見たり聞いたりできないものの、祖霊が降りて来て上に左右にただよう様子が描かれています。

さて、以上のような儒教の鬼神の祭祀ですが、それを宋《そう》代の朱子《しゅし》は次のように極めて合理的に解釈しました。すなわち、陰陽《いんよう》の気《き》（存在・運動エネルギーの根元）で言えば、「鬼」は静かな陰の気の活動、「神」は動きのある陽の気の活動だが、その実は一つの気に他ならない。祭祀を行う者が敬意・誠意を尽くせば、心情が陰陽の気に働きかけ、それに反応して鬼神が降りて来るのだ、と。鬼神とは陰陽の気の活動、すなわち自然現象ですから、朱子の鬼神についての見方は無神論《むしんろん》（神は存在しないという立場）に立つ解釈といえます。

このように朱子は鬼神を無神論的に解釈しましたが、鬼神の存在をどのように考えるかについて、多くの学者がこの章をめぐって議論を展開しました。思想史において、この章はたいへん重要な意味をもったのでした。詳しくはコラム9をご覧ください。

なおこの章は、十二章の「費《ひ》」「隠《いん》」でいえば、「之《これ》を視《み》れども見《み》えず、之《これ》を聴《き》けども聞《き》こえず」は隠（道理の本体）、「物《もの》に体《たい》して遺《のこ》すべからず」は費（道理の現象・作用）で、費・隠が相半《あいなか》ばする内容となっています。

舜の孝行（第十七章）

子《し》曰《いわ》く、「舜《しゅん》は其《そ》れ大孝《だいこう》なるか。徳《とく》は聖人《せいじん》たり、尊《そん》は天子《てんし》たり、富《とみ》は四《し》海《かい》の内《うち》を有《たも》ち、宗廟《そうびょう》之《これ》を饗《う》け、子孫《しそん》之《これ》を保《たも》つ。

故《ゆえ》に大徳《だいとく》は必《かなら》ず其《そ》の位《くらい》を得《え》、必《かなら》ず其《そ》の禄《ろく》を得《え》、必《かなら》ず其《そ》の名《な》を得《え》、必《かなら》ず其《そ》の寿《じゅ》を得《う》。

故《ゆえ》に天《てん》の物《もの》を生《しょう》ずる、必《かなら》ず其《そ》の材《ざい》に因《よ》りて篤《あつ》くす。故《ゆえ》に栽《う》わる者《もの》は之《これ》を培《つちか》い、傾《かたむ》く者《もの》は之《これ》を覆《くつがえ》す。

詩《し》に曰《いわ》く、『嘉楽《からく》の君子《くんし》、顕顕《けんけん》たる令徳《れいとく》あり。民《たみ》に宜《よろ》しく人《ひと》に宜《よろ》しく、禄《ろく》を天《てん》に受《う》く。保佑《ほゆう》して之《これ》に命《めい》じ、天《てん》より之《これ》を申《かさ》ぬ』と。

故《ゆえ》に大徳《だいとく》の者《もの》は必ず命《めい》を受《う》く」と。

◆子曰、舜其大孝也与。徳為二聖人一、尊為二天子一、富有二四海之内一、宗廟饗レ之、子孫保レ之。
故大徳必得二其位一、必得二其禄一、必得二其名一、必得二其寿一。

故天之生レ物、必因二其材一而篤焉。故栽者培レ之、傾者覆レ之。

詩曰、嘉楽君子、顕顕（憲憲）令徳。宜レ民宜レ人、受二禄於天一、保佑命レ之、自レ天申レ之。

故大徳者必受レ命。

先生はおっしゃった、「舜《しゅん》はまことに偉大な孝行者であることよ。徳では聖人であり、位の尊さでは天子であり、富では世界を所有し、宗廟《そうびょう》〔に祀《まつ》る祖先の霊魂〕は喜んで祭祀《さいし》を受けてくださり、子孫は〔舜の恩恵を受けて諸侯《しょこう》となり、宗廟の祭祀を絶やすことなく〕それを保持した。

だから、〔舜のように〕偉大な徳があれば、必ずそれに応じた地位を得、必ずそれに応じた俸禄《ほうろく》（給料）を得、必ずそれに応じた名声を得、必ずそれに応じた寿命を得るのである。

だから、天が物を生み育《はぐく》むには、必ずその物の性質・能力にもとづいて後押しするわけである。よって、〔植物を例にいえば〕まっすぐに植わっているものは生い茂らせ、傾くものは枯らし倒してしまうのである。『詩経《しきょう》』（大雅《たいが》・仮《か》楽《らく》篇）に言う、『讃《たた》えられ楽しむ君子、明らかに輝くその良き徳。民〔を治めるの〕に宜しく、人〔を挙げ用いるの〕に宜しく、天から幸福を受けられる。〔天は〕これを保ち助けて天命を下し、天は重ねて幸福を授けたまう』」と。

だから、偉大な徳をもつ者は、必ず天命を受ける〔そして天子となる〕のである」と。

❖❖❖❖

第六章に「大知《だいち》」の人として登場した舜《しゅん》が、ここでは「大孝《だいこう》」と称《たた》えられています。

中国の孝行者の逸話《いつわ》二十四話を集めた『二十四《にじゅうし》孝《こう》』という子供向けの教訓書《きょうくんしょ》があります。日本にも南北朝《なんぼくちょう》時代に伝わり、翻訳されて御《お》伽草子《とぎぞうし》（室町《むろまち》時代から江戸《えど》時代初期にかけて作られた短編の物語）の一篇として広まったほか、浄瑠璃《じょうるり》『本朝 廿四孝《ほんちょうにじゅうしこう》』や落語「二十四孝」など芸能の形でも親しまれました。そのもとになったのが元《げん》の郭居敬《かくきょけい》の『全相二十四《ぜんそうにじゅうし》孝詩《こうし》選《せん》』で、最初に舜が取り上げられます。舜の孝行の不思議で偉大な作用をごく簡潔に描いていますので、それにもとづいて紹介しましょう。

隊隊耕春象
隊隊《たいたい》として（列をなして）春《はる》に耕《たがや》す象《ぞう》、

紛紛耘草鳥
紛紛《ふんぷん》として（群をなして）草《くさ》を耘《くさぎ》る鳥《とり》。

嗣尭登宝位
尭《ぎょう》を嗣《つ》ぎ宝位《ほうい》（天子の位）に登《のぼ》り、

孝感動天心
孝感《こうかん》 天心《てんしん》を動《うご》かす。

歌川国芳『唐土二十四孝』大舜
（町田市国際版画美術館蔵）

偉大な舜は至って孝行者でした。父は頑《かたく》な、母（継母《ままはは》）は愚か、弟（異母弟）は傲慢《ごうまん》でした。舜が歴山《れきざん》の地で耕していると象《ぞう》が現われ舜のために耕し、鳥が舜のために耘《くさぎ》り（除草）ました。舜の孝行が他を感じ動かすこと、このとおりでありました。天子の尭《ぎょう》は舜の孝行を耳にし、二人の娘を舜に娶《めあわ》せ、天下を譲ったのでした。

舜が単なる孝行者ではなく「大孝」と称せられるのは、舜がこの上ない孝を捧げることができたからです。舜は聖人となり、天子の位につき、天下を保有した結果、徳・高貴さ・富裕さ、そのいずれにおいても最高の水準で親に尽くすことができました。それだけでなく、祖先の霊魂を祭り、子孫にしっかり祭祀を継がせることもできたのです。

舜がこれほど偉大な働きをなし得たのには理由があります。舜の行動の背後には、目にはそれとは見えませんが、天の手厚い後押しがあったのです。もっとも、天は万物を生み育てる働きをもちますが、天は公平無私なので、物それぞれの性質・能力（材）に応じて、その性質・能力を発揮できように後押し・力添えをするだけです。「力強くまっすぐ植わっているものには力を与え、力なく傾いているものは倒してしまう（栽《う》わる者は之《これ》を培《つちか》い、傾《かたむ》く者は之《これ》を覆《くつがえ》す）」のです。舜が大孝と称せられるほど偉大な効用を発揮できたのは、舜の日ごろの孝行を天が後押ししたからです。『詩経《しきょう》』大雅《たいが》・仮楽《からく》篇の引用はその証明です。なお、「顕顕」はもと「憲憲」の字になっていましたが、ここでは仮楽篇の本文によるべきだとする朱子の説に従って改めました。

省略しましたが、続く第十八章・第十九章では、周の文王・武王・周公について、やはりその孝心が偉大な効用をもたらしたことを述べています。

■コラム９　霊魂は存在するのか――『中庸』鬼神章をめぐって

儒教《じゅきょう》では鬼神《きしん》の祭祀《さいし》を重視してきましたが、時代とともに鬼神についての考え方は変化しました。祖先の祭祀は行いながらも、鬼神の存在は積極的には認めないというあやふやな態度が生まれ、さらには鬼神など存在しないとする無神論の方向へと傾いていきました。特に仏教が流行した魏晋《ぎしん》以降は、輪廻転生《りんねてんしょう》（死後も霊魂は滅びず生死を繰り返すこと）を説いた仏教に対抗し、「霊魂は死とともに消滅する」と主張する儒学者が現われました。刀《かたな》（本体＝肉体）が尽きれば切れ味（作用＝霊魂）も消えると主張した范縝《はんしん》（四五〇～五一五）がその代表です。

朱子学《しゆしがく》も基本的にはこの無神論的な考え方の流れの中にありました。しかし儒家の経典には鬼神に関する記述が少なくありません。なかでも朱子《しゆし》が経典とした『中庸』の第十六章（以下「鬼神章《きしんしょう》」）は、鬼神が祭祀によって降臨する様子をズバリと描いており、これに拠《よ》る限り鬼神の実在は疑いようがありません。朱子学にとってこの鬼神章の扱いは難しい問題でした。

すでに述べたように（201頁）、朱子は鬼神を陰陽の気の活動すなわち自然現象としました。自然現象ですから無神論的な解釈といえます。ただし、朱子は「あらゆる自然現象は鬼神である」とも述べており、自然の活《い》き活きした妙《たえ》なる活動の中に鬼神を見ていました。朱子の鬼神論は、鬼神を無神論的に解釈しながらも、汎神論《はんしんろん》（全ての存在には神霊が宿るとする考え方）の一面もそなえており、鬼神の有無には曖昧《あいまい》さを残すものでした。

この曖昧な鬼神論を無神論の方向に推し進めた学者に、伊藤仁斎《いとうじんさい》（一六二七〜一七〇五）や懐徳堂《かいとくどう》（江戸中期に大坂商人によって設立された漢学塾）の学者たちがいます。仁斎は、朱子の無神論的な解釈を「儒者らしい議論だ」と評価し（汎神論の面は否定しました）、『中庸』鬼神章を「鬼神に溺れるなと述べた孔子の言葉とは見なせない」として『中庸』の本文から切り離しました（『中庸発揮《ちゅうようはっき》』）。

懐徳堂の学者はさらに徹底しています。中井履軒《なかいりけん》（一七三二〜一八一七）は、「古《いにしえ》には陰陽という言葉が無かったので、陰陽の活動を鬼神と言ったにすぎない」（『中庸逢原《ちゅうようほうげん》』）と述べ、鬼神とは陰陽の別名に他ならず、神霊としての鬼神は端《はな》から存在しないとしました。また履軒に学んだ町人学者山片蟠桃《やまがたばんとう》（一七四八〜一八二一）はこう述べます。「『中庸』鬼神章に『〔祭祀《さいし》によって鬼神が降りて来て〕その上《うえ》に在《いま》すが如《ごと》く、その左右《さゆう》に在《いま》すが如《ごと》し』とあるが、『如《ごと》』の一字は鬼神が実在しないことをよく示している。上や左右に祖先がいるが如くに感じるのは、祭祀《さいし》する者の敬意・誠意によるのだ」（『夢《ゆめ》の代《しろ》』）。鬼神は人の心が生み出す架空の存在というわけです。

無神論の方向とは逆に、鬼神の存在を認める立場をとった学者に新井白石《あらいはくせき》（一六五七～一七二五）や荻生徂徠《おぎゅうそらい》（一六六六～一七二八）がありますが、鬼神の存在を認めるにしろ否定するにしろ、『中庸』鬼神章は学者に鬼神をどう考えるのかの説明を迫り、思想史上の重要な役割を果たしたのでした。

4　孔子が哀公に説く政治論——第二十章

この章は『中庸《ちゅうよう》』の中で最も長い章です。しかも冒頭の「子曰《しいわ》く」から末尾まで、すべてが孔子《こうし》の言葉の引用です。これほど長文なのは、本章と同じ文章がほぼそのまま『孔子家語《こうしけご》』（孔子や弟子の言行録）の哀公問政篇《あいこうもんせい》にあり、朱子《しゅし》がそれを根拠にひとまとまりと考えたからです。

本章の内容は、政治に関する哀公《あいこう》（魯《ろ》国の君主）の質問に対して、孔子が示した政治論です。政治論とはいえ、政治は倫理道徳の基礎の上に成り立つものと考えています。よって本章では、まず基本的な人間関係である「五達《ごたつ》道《どう》」や個人の実践道徳である「三達徳《さんたつとく》」が説かれ、それを基礎に政治上の法則である「九経《きゅうけい》」が語られるのです。そしてさらに、「五達道」「三達徳」「九経」の根本として提示されるのが、すべての物事を成り立たせる天地自然の原理である「誠《まこと》」です。「誠」はこの章で初めて取り上げられる、『中庸』後半の中心思想です。

この章は、政治論として人間社会の作用・現象（費《ひ》）を説く一方、その背後にあって作用・現象を成り立たせる根本原理（隠《いん》）としての「誠」に説き及びます。また、小さなところでは個人の道徳から大きなものでは天下国家の政治まで論じます。このように費・隠と大・小とを併《あわ》せ持った内容は、第十二章を基調に展開されてきた説明を締めくくるにふさわしいものといえるでしょう。

政治は人物しだい

哀公《あいこう》政《せい》を問《と》う。

子《し》曰《いわ》く、「文武《ぶんぶ》の政《せい》は布《し》いて方策《ほうさく》に在《あ》り。其《そ》の人存《ひとそん》すれば、則《すなわ》ち其《そ》の政《せい》挙《あ》がり、其《そ》の人亡《ひとぼう》すれば、則《すなわ》ち其《そ》の政息《せいや》む。

人道《じんどう》は政《せい》に敏《すみ》やかに、地道《ちどう》は樹《う》うるに敏《すみ》やかなり。夫《そ》れ政《せい》なる者《もの》は、蒲《ほ》盧《ろ》なり。

故《ゆえ》に政《せい》を為《な》すは人《ひと》に在《あ》り、人《ひと》を取《と》るは身《み》を以《もっ》てし、身《み》を修《おさ》むるは道《みち》を以《もっ》てし、道《みち》を修《おさ》むるは仁《じん》を以《もっ》てす。

仁《じん》は人《じん》なり。親《しん》を親《した》しむを大《だい》なりと為《な》す。義《ぎ》は宜《ぎ》なり。賢《けん》を尊《とうと》ぶを大《だい》なりと為《な》す。親《しん》を親《した》しむの殺《さい》、賢《けん》を尊《とうと》ぶの等《とう》は、礼《れい》の生《しょう》ずる所《ところ》なり。

(下位に在りて上に獲ざれば、民得て治むべからず。)

故《ゆえ》に君子《くんし》は以《もっ》て身《み》を修《おさ》めざるべからず。身《み》を修《おさ》めんと思《おも》わば、以《もっ》て親《おや》に事《つか》えざるべからず。親《おや》に事《つか》えんと思《おも》わば、以《もっ》て人《ひと》を知《し》らざるべからず。人《ひと》を知《し》らんと思《おも》わば、以《もっ》て天《てん》を知《し》らざるべからず。

◆哀公問レ政。

子曰、文武之政、布在二方策一。其人存、則其政挙、其人亡、則其政息。

人道敏レ政、地道敏レ樹。夫政也者、蒲盧也。

故為レ政在レ人、取レ人以レ身、修レ身以道、修レ道以レ仁。仁者人也。親レ親為レ大。義者宜也。尊レ賢為レ大。親レ親之殺、尊レ賢之等、礼所レ生也。

（在二下位一不レ獲二乎上一、民不レ可二得而治一矣）

故君子不レ可二以不一レ修レ身。思レ修レ身、不レ可二以不一レ事レ親。思レ事レ親、不レ可二以不一レ知レ人。思レ知レ人、不レ可二以不一レ知レ天。

哀公《あいこう》が〔孔子に〕政治について尋ねた。

先生（孔子）はおっしゃった、「〔周《しゅう》の聖王である〕文王《ぶんのう》・武《ぶ》王《おう》の政治は木簡《もっかん》・竹簡《ちっかん》（紙が発明される以前の木や竹の札《ふだ》に記した書籍）にこと細かに記録されている。〔ただ、理想の政治を行うには、記録に学ぶだけでは不可能で〕しかるべき〔人徳と才智とをそなえた立派な〕人が存在すれば、その政治も成果が挙がるが、しかるべき人がいなくなれば、その政治も滅びる。

〔つまり、政治は人物しだいで〕人の働きによって速やかに政治が行われる、〔それはちょうど〕地の働きによって速やかに植物が発育する〔のと同じである〕。

〔譬《たと》えていえば〕いったい政治というものは、蒲《がま》や蘆《あし》である。〔蒲や蘆は水辺であれば瞬く間に成長し、政治は優れた人物を得れば速やかに行われる。〕だから、〔善い〕政治を行うことは〔優れた〕人物〔を得ること〕にかかっており、〔優れた〕人物を採用するには君主自身〔の人格〕にもとづき、〔君主が〕身を修めるには人の道にもとづき、人の道を修めるには仁徳《じんとく》にもとづくのである。

仁《じん》〔の意味〕は人《じん》（人間らしさ）である。〔つまり、仁の徳は、人の本性《ほんせい》である。仁の基本は肉親への親愛の情なので〕親族に親しむことが大切である。義《ぎ》〔の意味〕は宜《ぎ》（ほどよさ）である。〔つまり、義の徳は、社会規範における適宜《てきぎ》さである。義の基本は社会規範に沿った理性的な判断なので〕賢者《けんじゃ》を賢者として尊重することが大切である。そして、親族に親しむにも〔血縁が近いか遠いかで親愛の表現を〕少しずつ殺《そ》ぐ親等《しんとう》の別があり、賢者を尊重するにも〔人物の知徳の差に応じた〕等級分けがあり、これら〔人間関係の節度・ケジメ〕が礼の生まれる基盤である。

だから君子は自分の身を修めなければならない。自分の身を修めようと思うならば、〔仁の徳によって人の道を修めなければならず、仁は親族に親しむことが大切なので〕親《おや》に仕えなければならない。親に仕えよう〔そして仁を尽くそう〕と思うならば、〔必ず賢者を尊重する義によって〕人を知らねばならない。人を知ろうと思うならば、〔仁・義・礼は人の本性として天から与えられたものだから〕天を知らなければならないのである。

❖❖❖❖

哀公《あいこう》は、姓は姫《き》、名を蔣《しょう》といい、孔子《こうし》（前五五一〜前四七九）が生まれ仕えた魯《ろ》の国（現在の山東省西部）の君主で、その在位期間（前四九四〜前四六八）は孔子の晩年にあたります。「哀公」という呼び名は、生前の人柄や功績にもとづいて死後に贈られる謚《し》号《ごう》・謚《おくりな》（贈り名）というものです。たとえば軍事面での功績があれば「武」が贈られます。「哀」とは、謚号のきまりによると、「幼くして孤児となり短命」だった人物への謚です。二十七年も君主の位にありながら短命というのですから、幼くして父（魯《ろ》の定《てい》公《こう》）を亡くして後すぐに君位につけられたのでしょう。

魯国では、哀公より十代前の桓公《かんこう》（在位　前七一一～前六九四）の時代に、桓公の三人の息子たちが臣下に下って重臣となりました。これを三桓氏《さんかんし》といい、代々政治の中心勢力となっていました。幼い哀公が即位した当初も、三桓氏が権力を握っていました。しかし、哀公は成長とともに、三桓氏の勝手なふるまいを不満に思い、自らの手で正しい政治を行おうと考えるようになります。ちょうどその頃、理想の社会の実現のために諸国をめぐっていた孔子が、十数年の旅を終えて魯《ろ》に帰国したのでした。哀公十一年（前四八四）、孔子六十八歳の時のことです。以後、孔子が七十三歳で亡くなるまでの五年間、悩める若き君主・哀公は孔子に教えを請いました。孔子はかつて定公のもとで三桓氏の勢力削減に手腕を振るったこともありましたから、哀公にとって孔子は学識・経験に富んだよき顧問でした。

哀公の問いに対して孔子がまず強調するのは、「政《せい》を為《な》すは人《ひと》に在《あ》り」、つまり政治は人物しだいということです。周《しゅう》王朝の基礎を築いた文王《ぶんのう》・武王《ぶおう》の仁政（よい政治）の記録は保存されてあります。しかし、その優れた政治の知識・技術も、それを身をもって実行する人物がなければ今に活《い》かせません。仁君《じんくん》となって仁政《じんせい》をおこなうために、君主はわが身を修め、優れた人材を採用することが求められるのでした。

では、それをどのようにして実現すればよいのか、孔子は人間存在の内面へと掘り下げてゆきます。君主がわが身を修めるには仁《じん》の徳（肉親への親愛の情をもととする仁愛）により、賢者《けんじゃ》を採用するには義《ぎ》の徳（社会規範に沿った正義）により、仁と義とを礼によって社会的で文化的な調和ある秩序に作りあげねばならない、と。この仁・義の徳を尽くして人の道を踏み行うには、「人」すなわち肉親や賢者などの人をよく知らねばなりません。さらに孔子はその根本にある大切なことを指摘します。「人を知らんと思わば、以て天を知らざるべからず」がそれです。

人は忘れがちですが、人間という存在は天地自然の道理《どうり》・摂理《せつり》（天道《てんどう》）から独立してあるのではありません。第一章に「天《てん》の命《めい》ずる之《これ》を性《せい》と謂《い》い、性《せい》に率《したが》う之《これ》を道《みち》と謂《い》い……」とあるように、人の踏み行うべき「道」（人の道）は、天から人に与えられた「性」（本性《ほんせい》、あるがままの性質）に従ってあるものです。人の道を踏み行う（人間らしく生きる）とは、「人は天から善なる本性を与えられているのだ」と確信して、それを十全に発揮することに他なりません。身を修め、賢者を用い、社会秩序を作るための仁・義・礼は、もとより天がこれを善なる本性として人に与えてくれている、人の務めはその自分にそなわった善き本性を発揮することである、そう自覚することが「天を知る」です。

この問題は後の段に「誠《まこと》は、天《てん》の道《みち》なり。之《これ》を誠《まこと》にするは、人《ひと》の道《みち》なり」として展開されていきます。

なお、本文には「在下位不獲乎上、民不可得而治矣」の十四字がありますが、古注《こちゅう》（後漢《ごかん》の鄭玄《じょうげん》の注）は「この句は下文（第二十章の後半）に同じ文が見え、誤ってここに重複したもの」とし、朱子もそれに従っています。ここでも解釈しませんでした。

身の修めかた——五《ご》達道《たつどう》・三《さん》達徳《たつとく》

天下《てんか》の達道《たつどう》は五《ご》、之《これ》を行《おこな》う所以《ゆえん》の者《もの》は三《さん》。曰《いわ》く、君臣《くんしん》なり、父子《ふし》なり、夫婦《ふうふ》なり、昆弟《こんてい》なり、朋友《ほうゆう》の交《まじ》わりなり。五者《ごしや》は天下《てんか》の達道《たつどう》なり。知《ち》仁勇《じんゆう》の三者《さんしや》は、天下《てんか》の達徳《たつとく》なり。之《これ》を行《おこな》う所以《ゆえん》の者《もの》は一《いつ》なり。

◆天下之達道五、所コ以行レ之者三。曰君臣也、父子也、夫婦也、昆弟也、朋友之交也。五者天下之達道也。知仁勇三者、天下之達徳也。所コ以行レ之者一也。

世界に広く行きわたっている人の道（天下の達道《たつどう》）は五つ、それを実践するための拠《よ》りどころは三つある。すなわち、君臣《くんしん》〔の義《ぎ》〕・父子《ふし》〔の親《しん》〕・夫婦《ふうふ》〔の別《べつ》〕・兄弟《けいてい》〔の序《じょ》〕・朋友《ほうゆう》の交際《こうさい》〔の信《しん》〕という、この五つは天下の達道（五達《ごたつ》道《どう》）である。知《ち》・仁《じん》・勇《ゆう》の三つは、世界に広く行きわたっている徳（天下の達徳《たつとく》、三達徳《さんたつとく》）で、この三達徳をはたらかせるものは一つ〔すなわち誠《まこと》〕である。

❖ ❖ ❖ ❖

ここでは身を修めるための方法として「五達道《ごたつどう》」「三達徳《さんたつとく》」が示されます。すでに第一章に「和《わ》なる者《もの》は、天下《てんか》の達道《たつどう》なり」と見えましたが、「達」とは「通達《つうたつ》（広く行きわたる）」の意味で、「通説」「通論」（世間に行きわたっている説や議論）の「通」と同じ意味です。時代や場所を問わず、世界に行きわたっている五つの道（人の道、人倫《じんりん》）が「五達道」、同様の三つの徳（本性《ほんせい》にもとづく人格的な能力）が「三達徳」です。

「五達道」とは、人間社会における「君臣」「父子」「夫婦」「昆弟《こんてい》（兄弟《けいてい》）」「朋友《ほうゆう》」という五つの基本的な人の道・人間関係です。『孟子《もうし》』には、いわゆる「五倫《ごりん》」（「倫」は秩序ある人間関係）として、「父子《ふし》 親有《しんあ》り、君臣《くんしん》 義有《ぎあ》り、夫婦《ふうふ》 別有《べつあ》り、長幼《ちょうよう》 序有《じょあ》り、朋友《ほうゆう》 信有《しんあ》り」（滕文公《とうぶんこう》上篇）と見えます。

この五達道（＝五倫）を行うためには、「天下《てんか》の達道《たつどう》は五《ご》、之《これ》を行《おこな》う所以《ゆえん》の者《もの》は三《さん》」とあるように、人の道の大切さを知り、主体的に行い、志を曲げずに成し遂げるという三つの能力が必要です。その認識力が「知《ち》」、実行力が「仁《じん》」、意志力が「勇《ゆう》」で、三つの徳をまとめて「三達徳」といいます。一般に人の精神の三つの作用を、知（知性）・情（感情）・意（意志）といいますが、これらを知・仁・勇にあてて見ることもできるでしょう。

さらに三達徳には、「之《これ》を行《おこな》う所以《ゆえん》の者《もの》は一《いつ》なり」というように、三つの徳を十分に実行するための「一」があるといいます。ここではその存在を暗示するだけですが、先回りして言えば、後に取り上げられる「誠《まこと》」がそれです。なお、誤解のないように説明を加えると、「三達徳」と「一＝誠」とは別物ではありません。「誠」とは、『大学《だいがく》』の伝の六章でも見たように、空事《そらごと》・虚事《そらごと》（上辺《うわべ》だけの見せかけ）ではない真事《まこと》（中身のある真実）の意味です。朱子は三達徳と誠との関係を、「知・仁・勇は実践内容で、誠とはこの三者を（見せかけではなく）真実にすることだ」（『朱子語類《しゅしごるい》』巻六十二）と説明しています。

個人差の克服——三知・三行・三近

或《ある》いは生《う》まれながらにして之《これ》を知《し》り、或《ある》いは学《まな》んで之《これ》を知《し》り、或《ある》いは困《くる》しんで之《これ》を知《し》る。其《そ》の之《これ》を知《し》るに及《およ》んでは一《いつ》なり。或《ある》いは安《やす》んじて之《これ》を行《おこな》い、或《ある》いは利《り》して之《これ》を行《おこな》い、或《ある》いは勉強《べんきよう》して之《これ》を行《おこな》う。其《そ》の功《こう》を成《な》すに及《およ》んでは一《いつ》なり。

学《がく》を好《この》むは知《ち》に近《ちか》く、力《つと》め行《おこな》うは仁《じん》に近《ちか》く、恥《はじ》を知《し》るは勇《ゆう》に近《ちか》し。斯《こ》の三者《さんしや》を知《し》れば、則《すなわ》ち身《み》を修《おさ》むる所以《ゆえん》を知《し》る。身《み》を修《おさ》むる所以《ゆえん》を知《し》れば、則《すなわ》ち人《ひと》を治《おさ》むる所以《ゆえん》を知《し》る。人《ひと》を治《おさ》むる所以《ゆえん》を知《し》れば、則《すなわ》ち天下《てんか》国家《こつか》を治《おさ》むる所以《ゆえん》を知《し》る。

◆或生而知レ之、或学而知レ之、或困而知レ之。及二其知レ之一也。或安而行レ之、或利而行レ之、或勉強而行レ之、及二其成レ功一也。

（子曰）好レ学近二乎知一、力行近二乎仁一、知レ恥近二乎勇一。

知二斯三者一、則知三所二以修レ身、知三所二以修レ身、則知三所二以治レ人。知三所二以治レ人、則知四所三以治二天下国家一矣。

〔五《ご》達道《たつどう》の実践において〕生まれつきそれを知っている者もあれば、学んでそれを知る者もあり、わからなくて苦しんだすえに〔努力して〕知る者もある。〔このように個々人の認識の能力には差があるが、しかし努力してやめず〕最終的にそれを知るに至ったならば〔知り得たことに違いはなく〕同一である。〔また〕ありのまま安らかにそれを行う者もあれば、それを行う利益を知って行う者もあり、努力してそれを行う者もある。〔このように個々人の実践の能力には差があるが、しかし努力してやめず〕最終的にそれを成し遂げるに至ったならば〔成し遂げたことに違いはなく〕同一である。

〔たとえ、まだこのレベルに達していなくても〕学問を好むことは〔独《ひと》り善《よ》がりを打ち破るので〕知の徳に近く、努力して行うことは〔我がままを忘れさせるので〕仁の徳に近く、恥を知ることは〔自尊心を奮い立たせるので〕勇の徳に近い。この〔学問を好む・努力して行う・恥を知るの〕三つのことがわかったならば、〔自分の〕身の修め方がわかる。〔自分の〕身の修め方がわかったならば、人の治め方がわかる。人の治め方がわかったならば、世界や国家の治め方がわかるのである。

❖　❖　❖　❖

さて、三達徳の実践が大切であることはわかりましたが、人の能力にはどうしても生まれつきの気質による個人差があります。しかし、そうした現実の姿の多様性を認めながらも、人の本性《ほんせい》の共通性と完全さとを根拠に、人の努力の無限の可能性を信じるのが『中庸』の立場です。認識する能力（知《ち》）には「生まれながらにして知る」「学びて知る」「困《くる》しみて知る」（三知《さんち》）の差があり、実践の能力（仁《じん》）には「安《やす》んじて行う」「利《り》して行う」「勉強《べんきょう》して（努めて）行う」（三行《さんこう》）の差があります。「生まれながらにして知る」「安んじて行う」のように何の努力も必要としない聖人もあるでしょうが、ほとんどはそれ以下の努力を必要とする人々です。ただし、能力の差は決定的な要因ではありません。意志の力（勇《ゆう》）によって知り・行うことを成し遂げるならば、当初の個人差は克服されるのです。

さらに、まだ認識の能力（知）や実践の能力（仁）に到達していなくても、あきらめなくてもいいのです。「学《がく》を好《この》む」ことはまだ知《ち》とはいえなくても知に近いもの、「力《つと》め行《おこな》う」ことはまだ仁《じん》とはいえなくても仁に近いもの、「恥《はじ》を知《し》る」ことはまだ勇《ゆう》とはいえなくても勇に近いものです（三近《さんきん》）。未熟なレベルからでも、自分の可能性を信じて努力を続ければ、三達徳に到達して我が身を修め、ひいては天下国家を治める能力を身に着けることも可能です。

原文には、「三知」「三行」の一節の後、「三近」の一節の頭に「子曰」の二字があります。朱子はこれを余分な文字と見て、前後をひとつながりの孔子の言葉としました。ここでもその説にしたがいました。なお、『孔子《こうし》家《け》語《ご》』哀公問政《あいこうもんせい》篇には、この「三知」「三行」の一節の後に、哀公の言葉「先生（孔子）のお言葉は素晴らしいのですが、私には成し遂げられません」という一文が挟まり、その後に改めて「孔子曰く」として「三近」を述べる孔子の言葉が続きます。「三知」「三行」から難易度の低い「三近」へという文脈は、『孔子家語』のように哀公の弱気な発言のためと考えると理解しやすくなります。

政治のための九つの常道——九経《きゆうけい》

凡《およ》そ天下《てんか》国家《こつか》を為《おさ》むるに九経《きゆうけい》有《あ》り。曰《いわ》く、身《み》を修《おさ》むるなり、賢《けん》を尊《とうと》ぶなり、親《しん》を親《した》しむなり、大臣《だいじん》を敬《けい》するなり、群臣《ぐんしん》を体《たい》するなり、庶民《しよみん》を子《こ》とするなり、百工《ひやくこう》を来《きた》すなり、遠人《えんじん》を柔《やわ》らぐるなり、諸侯《しよこう》を懐《なつ》くるなり。身《み》を修《おさ》むれば則《すなわ》ち道立《みちた》つ。賢《けん》を尊《とうと》べば則《すなわ》ち惑《まど》わず。親《しん》を親《した》しめば則《すなわ》ち諸《しよ》父昆弟《ふこんてい》怨《うら》みず。大臣《だいじん》を敬《けい》すれば則《すなわ》ち眩《げん》せず。群臣《ぐんしん》を体《たい》すれば則《すなわ》ち士《し》の報《ほう》礼重《れいおも》し。庶民《しよみん》を子《こ》とすれば則《すなわ》ち百姓勧《ひやくせいつと》む。百工《ひやくこう》を来《きた》せば則《すなわ》ち財用足《ざいようた》る。遠《えん》人《じん》を柔《やわ》らぐれば則《すなわ》ち四方之《しほうこれ》に帰《き》す。諸侯《しよこう》を懐《なつ》くれば則《すなわ》ち天下之《てんかこれ》を畏《おそ》る。斉明盛服《さいめいせいふく》して、礼《れい》に非《あら》ざれば動《うご》かざるは、身《み》を修《おさ》むる所以《ゆえん》なり。讒《ざん》を去《さ》り色《いろ》を遠《とお》ざけ、貨《か》を賤《いや》しみて徳《とく》を貴《とうと》ぶは、賢《けん》を勧《すす》むる所以《ゆえん》なり。其《そ》の位《くらい》を尊《たか》くし其《そ》の禄《ろく》を重《おも》くし、其《そ》の好悪《こうお》を同《おな》じくするは、親《しん》を親《した》しむを勧《すす》むる所以《ゆえん》なり。官盛《かんさか》んにして任使《にんし》するは、大臣《だいじん》を勧《すす》むる所以《ゆえん》なり。忠信《ちゆうしん》にして禄《ろく》を重《おも》くするは、士《し》を勧《すす》むる所以《ゆえん》なり。時《とき》に使《つか》い薄《うす》く斂《れん》するは、百姓《ひやくせい》を勧《すす》むる所以《ゆえん》なり。日《ひ》に省《かえり》み月《つき》に試《こころ》み、既稟《きりん》事《こと》に称《かな》うは、百工《ひやくこう》を勧《すす》むる所以《ゆえん》なり。往《ゆ》くを送《おく》り来《きた》るを迎《むか》え、善《ぜん》を嘉《よ》みして不能《ふのう》を矜《あわ》れむは、遠人《えんじん》を柔《やわ》らぐる所以《ゆえん》なり。絶世《ぜつせい》を継《つ》ぎ、廃国《はいこく》を挙《あ》げ、乱《らん》を治《おさ》め危《あや》うきを持《じ》し、朝《ちよう》聘《へい》時《とき》を以《もつ》てし、往《ゆ》くを厚《あつ》くして来《き》たるを薄《うす》くするは、諸侯《しよこう》を懐《なつ》くる所以《ゆえん》なり。

凡《およ》そ天下《てんか》国家《こつか》を為《おさ》むるに九経《きゆうけい》有《あ》り。之《これ》を行《おこな》う所以《ゆえん》の者《もの》は一《いつ》なり。

◆凡為二天下国家一有二九経一。曰、修レ身也、尊レ賢也、親レ親也、敬二大臣一也、体二群臣一也、子二庶民一也、来二百工一也、柔二遠人一也、懐二諸侯一也。

修レ身則道立。尊レ賢則不レ惑。親レ親則諸父昆弟不レ怨。敬二大臣一則不レ眩。

体二群臣一則士之報礼重。子二庶民一則百姓勧。来二百工一則財用足。柔二遠人一則四方帰レ之。懐二諸侯一則天下畏レ之。

斉明盛服、非レ礼不レ動、所二以修レ身也。去レ讒遠レ色、賤レ貨而貴レ徳、所二以勧レ賢也。尊二其位一、重二其禄一、同二其好悪一、所二以勧レ親レ親也、官盛任使、所三以勧二大臣一也、忠信重レ禄、所二以勧レ士也。時使薄斂、所三以勧二百姓一也。日省月試、既稟称レ事、所三以勧二百工一也。送レ往迎レ来、嘉レ善而矜二不能一、所三以柔二遠人一也。継二絶世一、挙二廃国一、治レ乱持レ危、朝聘以レ時、厚レ往而薄レ来、所三以懐二諸侯一也。

凡為二天下国家一有二九経一。所二以行レ之者一也。

すべて世界や国家を治めるには九つの不変の法則（九経《きゅうけい》）がある。〔その項目を、身近なことから遠くへ及ぶ順序で示すと、君主が〕自分の身を修めること、賢者を尊重すること、親族を親愛すること、重臣を敬うこと、多くの臣下の身になって思いやること、民衆を我が子のように慈しむこと、種々の職人を呼び寄せること、遠方からの行商人・旅人を労《いたわ》り心安らかにさせること、諸侯を心服させせることである。

〔次いで九経に則《のっと》る効果を述べると、君主が〕自分の身を修めると、〔身をもって道を示して民衆の模範となるので〕道が確立する。賢者を尊重すると、〔賢者の教えにより道理が明らかになるので〕惑うことはなくなる。親族を親愛すると、一族中の伯叔父《おじ》たち従兄弟《いとこ》たちは怨《うら》みを抱かなくなる。重臣を敬うと、〔つまらない臣下が邪魔立てできないので、事を行うのに〕迷わなくなる。多くの臣下の身になって思いやると、士人（下級官僚）も恩返しが丁重《ていちょう》になる。庶民を我が子のように慈《いつく》しむと、民衆が仕事に励む。種々の技術者を呼び寄せると、財貨や物資が豊かになる。遠方からの行商人・旅人を労り心安らかにさせると、〔世界の旅人がこの国に来たがり〕四方から身を寄せてくる。諸侯を心服させると、世界〔の人々〕がこの国を畏《おそ》れ敬うことになる。

〔さらに九経に則《のっと》る方法を述べると、たとえば祭礼のとき〕精進潔斎《しょうじんけっさい》し礼服に威儀を正して、礼に外れた行動はとらないのが、身を修める方法である。告げ口を聞かず女性の色香《いろか》を遠ざけ、財貨を軽んじて徳を貴ぶのが、賢者を励ます方法である。親族の地位を高くし俸禄《ほうろく》（給料）を多くし、親族と好悪《こうお》の感情を共有するのが、親族の親睦《しんぼく》を促す方法である。〔部下の〕官吏を多くそろえて任用させる〔ことによって細々した事で重臣を煩わせない〕のが、重臣を励ます方法である。誠意をもって接し俸禄を多くするのが、士人（下級官僚）を励ます方法である。〔農作業を妨げないように適切な〕時期に使役して税の徴収を軽くするのが、人民を励ます方法である。日々その仕事ぶりを観察し月々に仕事の出来を試験して、月給が仕事と釣り合うようにするのが、技術者を励ます方法である。〔国外からの来訪には〕行く者は送り来る者は迎え、〔滞留中は〕善人を褒め称《たた》え無能の人を憐《あわ》れむのが、遠方からの来訪者を労り心安らかにさせる方法である。世継ぎが絶えて亡《ほろ》んだ国には後継者を立てて国を継がせ、滅びかけた国を再興し、混乱を治め危機を支え、朝聘《ちようへい》（「朝」は諸侯が天子にお目にかかる礼、「聘」は諸侯が天子に重臣を遣わし貢ぎ物をささげる礼）は定期的に行い、こちらからの施しを手厚くし向こうからの出費を薄くするのが、諸侯を心服させる方法である。〔以上のように〕すべて天下や国家を治めるには則るべき九つの不変の原則（九

＝経）がある。しかしそれを実践する拠りどころは一つ〔すなわち誠〕である。

❖❖❖❖

前段は、知・仁・勇の三達徳《さんたつとく》に努めることにより、一身の修め方にとどまらず、天下国家の治め方もわかると述べていました。ここではそれを受け、天下国家を治めるための九つの原則「九経《きゅうけい》」を明らかにします。第一節で九経の九つの項目とその順序を示し、第二節では九経の効果を、第三節では九経の実践方法を述べ、まとめの第四節で九経の根本にある「一」を指摘するという構成になっています。

「九経」の「経」とは、『大学』の経の一章で述べたように、もともと機織《はたお》りのときに常に張られている縦糸《たていと》の意味で、そこから時代を縦に貫く真理および経典という意味が生まれました。「九経」は、いつの時代にも常に変わらず通用する、天下国家を治める九つの真理・原則という意味になります。

九経の各項目の内容を、その順序の示す意味にも注目して列挙します。

身《み》を修《おさ》む…君主自身が身を修める。〈自身、政治の基礎〉

賢《けん》を尊《とうと》ぶ…賢者を尊び用いる。〈師・朋友《ほうゆう》など〉

親《しん》を親《した》しむ…家族や親戚《しんせき》を親愛する。〈家・親族〉
大臣《だいじん》を敬《けい》す…重臣を敬い要務に当たらせる。〈国、対臣下〉
群臣《ぐんしん》を体《たい》す…臣下たちの立場を思いやる。〈国、対臣下〉
庶民《しょみん》を子《こ》とす…民衆を我が子のように慈しむ。〈国、対民衆〉
百工《ひゃっこう》を来《きた》す…様々な技術者を招き国を富ませる。〈国、対国外〉
遠人《えんじん》を柔《やわ》らぐ…遠方からの訪問者に手厚くし安心させる。〈天下、対民衆〉
諸侯《しょこう》を懐《なつ》く…諸侯を援助し恩恵を施して心服させる。〈天下、対諸侯〉

君主自身の「修身」を基礎として、自身→師友→家・親族→国→天下という順に治世が展開していきます。この『中庸』の政治論は、修身→斉家→治国→平天下と展開する『大学』の政治論と同じ構造であることがわかります。

さて、最後に一段を締めくくる言葉が「之《これ》を行《おこな》う所以《ゆえん》の者《もの》は一《いつ》なり」です。君主の一身から天下国家におよぶ壮大な規模の政治にも、それを実際にうまく行えるようにする根本原理の「一」があるというわけです。政治の肝心要《かなめ》の「一」とは何か、関心を引きつつ明示しない思わせぶりな表現ですね。後ろに説かれる「誠《まこと》」への伏線です。

予《あらかじ》めすべきこと――五達道・三達徳・九経の前提

凡《およ》そ事《こと》予《あらかじ》めすれば則《すなわ》ち立《た》ち、予《あらかじ》めせざれば則《すなわ》ち廃《はい》す。言《こと》前《まえ》に定《さだ》まれば則《すなわ》ち跲《つまず》かず。事《こと》前《まえ》に定《さだ》まれば則《すなわ》ち困《くる》しまず。行《おこな》い前《まえ》に定《さだ》まれば則《すなわ》ち疚《やま》しからず。道《みち》前《まえ》に定《さだ》まれば則《すなわ》ち窮《きわ》まらず。

下位《かい》に在《あ》りて上《かみ》に獲《え》られざれば、民《たみ》得《え》て治《おさ》むべからず。上《かみ》に獲《え》らるるに道有《みちあ》り。朋友《ほうゆう》に信《しん》ぜられざれば、上《かみ》に獲《え》られず。朋友《ほうゆう》に信《しん》ぜらるるに道有《みちあ》り。親《おや》に順《じゅん》ならざれば、朋友《ほうゆう》に信《しん》ぜられず。親《おや》に順《じゅん》なるに道有《みちあ》り。諸《これ》を身《み》に反《かえ》りみて誠《まこと》ならざれば、親《おや》に順《じゅん》ならず。身《み》を誠《まこと》にするに道有《みちあ》り。善《ぜん》に明《あき》らかならざれば、身《み》に誠《まこと》ならず。

◆凡事予則立、不ㇾ予則廃。言前定則不ㇾ跲。事前定則不ㇾ困。行前定則不ㇾ疚。

道前定則不レ窮。

在二下位一不レ獲二乎上一、民不レ可二得而治一矣。獲二乎上一有レ道。不レ信二乎朋友一、不レ獲二乎上一矣。信二乎朋友一有レ道。不レ順二乎親一、不レ信二乎朋友一矣。順二乎親一有レ道。反二諸身一不レ誠、不レ順二乎親一矣。誠レ身有レ道。不レ明二乎善一、不レ誠二乎身一矣。

およそ〔五達道《ごたつどう》・三達徳《さんたつとく》・九経《きゅうけい》など〕どんな物事も、みな前もって〔誠《まこと》の立場が〕確定していれば成功するが、逆に前もってそれが定まっていなければ失敗する。〔例えば〕言葉を発するのに、前もって〔誠の立場が〕確定していれば躓《つまず》くことはない。仕事をするのに、前もって〔誠の立場が〕確定していれば身動きがとれずに困《くる》しむことはない。行為を行うのに、前もって〔誠の立場が〕確定していれば後ろめたさに悩むことはない。道を行うのに、前もって〔誠の立場が〕確定していれば行き詰《づ》まって苦しむことはない。

〔「予《あらかじ》め」すべき前提について、下位にある臣下を例に述べると〕部下として上司から信任を得られないならば、民衆を治めることはできない。上司から信任を得るには方法がある。友人に信頼されなければ、上司から信任をえることはできない。友人から信頼されるには方法がある。親に従順でなければ、友人から信頼されない。親に従順であるには方法がある。自分自身を反省して誠実でないならば、親に従順であるとはいえない。自分自身を誠実にするには方法がある。〔自分の本性が善であると自覚して、目標となる〕善を明確に知ることができないならば、自分自身を誠実にすることはできない。

❖❖❖❖

この一段は、上に述べられた「五達道《ごたつどう》」「三達徳《さんたつとく》」「九経《きゅうけい》」という道徳・政治の基本原則を行うのに、「予《あらかじ》め」すべき前提があることを述べています。後ろの一節では下位にある臣下を例に挙げて、「予め」すべき前提とは何かを順々に掘り下げていきますが、その根本にあるのが、「善を明らかにし、身を誠にする」ことです。次の段ではいよいよ「誠」の思想が説かれます。その先触れとして「誠」に言い及んでいるのです。「諸《これ》を身《み》に反《かえ》りみて誠《まこと》ならざれば、親《おや》に順《じゅん》ならず」について、朱子は弟子にこう説明しています。「『諸《これ》を身《み》に反《かえ》りみる』とは、反省して心に探求することだ。『誠ならず』とは、あるべき心が実際には無いことだ。たとえば、親に孝行するとき、実際にこの孝行の心がなければならない。もしも表面上は孝行するように取り繕っても、内面に孝行の心が無いなら、これこそ『誠ならず』である」と。「身《み》を誠《まこと》にする」とは、このように、行為において心に不純さを入り込ませて空虚な空事《そらごと》・虚事《そらごと》にすることなく、真心《まごころ》で充実させることです。とはいえ、善と悪との間で揺れていては「身を誠にする」ことはできません。「善《ぜん》に明《あき》らかならざれば、身《み》に誠《まこと》ならず」というように、「善を明らかにする」こと、すなわちしっかりと目標を見定めることが肝心なのです。

誠は天の道、之を誠にするは人の道――孔子の説く誠

誠《まこと》は、天《てん》の道《みち》なり。之《これ》を誠《まこと》にするは、人《ひと》の道《みち》なり。誠《まこと》なる者《もの》は勉《つと》めずして中《あた》り、思《おも》わずして得《え》、従容《しょうよう》として道《みち》に中《あた》る。聖人《せいじん》なり。之《これ》を誠《まこと》にする者《もの》は、善《ぜん》を択《えら》びて固《かた》く之《これ》を執《と》る者《もの》なり。

◆誠者、天之道也。誠レ之者、人之道也。誠者不レ勉而中、不レ思而得、従容中レ道。聖人也。誠レ之者、択レ善而固執レ之者也。

誠《まこと》は、天の〔真実にして偽りのない本来のままの〕あり方（天の道）である。〔一方、人が天から与えられた本性《ほんせい》を最大限に発揮して〕誠であろうと努めることは、人としての〔当然とるべき〕あり方（人の道）である。〔天から与えられた本性そのままに〕誠である人は、なにも努力しなくても〔道理にズバリと〕的中し、なにも考えなくても〔道理にピッタリと〕適合して、ゆったりとおのずから道に当てはまっている。〔それができるのは、その徳が天の道理そのままで私欲に害されていない〕聖人である。〔一方、聖人の境地を目指して〕誠であろうと努める者（修養する人々）は、善を選択してそれをしっかりと守る〔そして篤《あつ》く行う〕者である。

❖　❖　❖　❖

『中庸《ちゆうよう》』後半の中心となる「誠《まこと》」の思想を説く、『中庸』の中でも最も有名な箇所の一つです。

「誠《まこと》は、天《てん》の道《みち》なり。之《これ》を誠《まこと》にするは、人の道《みち》なり」この一節は、「誠」が天のあり方（天の道）であり、天のあり方に基づいて「誠」であろうと努めるのが人の取るべきあり方（人の道）であるという、天道《てんどう》と人道《じんどう》との関係を簡潔に言い表しています。

「誠」というと、「誠実」「誠意」のように人柄や心のあり様を指すものと思うかもしれませんが、『中庸』では「誠は天の道なり」というように、天地自然の道理《どうり》・摂理《せつり》のあり方・性質を表す言葉です。朱子によれば「誠」は「真実無妄《しんじつむぼう》（ほんとうで嘘偽《うそいつわ》りがない）」、よって天地自然の摂理・道理（天理）の本来のあり方、ありのままの偽りのないあり方が誠ということになります。

ただし、第一章に「天《てん》の命《めい》ずる之《これ》を性《せい》と謂《い》い……」とあったように、天が万物を生み出すとき、万物を万物にさせる性（本来の性質）を与えます。人も天から性（人として生まれ生きる本来の性質）いわば「人の種」を賦与《ふよ》されている存在です。人のこの本性《ほんせい》は、人の心にそなわった天の道理・摂理にほかなりません。よって人の本性はもともと天とおなじく真実無妄の誠を性質とする善なるものなのです。

しかし、このような本性そのままの誠を保持できているのは理想の人格者である聖人だけで、ほとんどの人は完全無欠ではありえません。みな気質や過度の欲望のために本来は輝かしく善であった本性が覆《おお》い隠され、真実無妄の誠の性質を損なっているのです。よって人は、人として生まれたからには、誠の損なわれた本性を誠にし（本来の誠を回復し）、輝かしい善なる本性を遺憾なく発揮するように努めなければなりません。「之《これ》を誠《まこと》にするは、人《ひと》の道《みち》なり」とはそういう意味です。なお、「之を誠にする」の「之」は、「誠」の下に「之（これを）」という目的語を添えることで、「誠」の字を「誠《まこと》」という名詞ではなく「誠《まこと》にする」という動詞として読むということを示す、言わば一種の記号です。コレ・ソレ・アレといった指示語ではないので、何か指し示すものがあるわけではありません。

「誠《まこと》なる者《もの》は勉《つと》めずして中《あた》り、思《おも》わずして得《え》、従容《しょうよう》として道《みち》に中《あた》る。聖人《せいじん》なり」とは、努力や思慮を必要とせずに天の道理とピッタリ合致する、誠そのものの聖人の立場を言います。先に三知《さんち》・三行《さんこう》のところに見えた「生《う》まれながらにして之《これ》を知《し》る」「安《やす》んじて之《これ》を行《おこな》う」というような聖人のあり方です。

いっぽうの「之《これ》を誠《まこと》にする者《もの》は、善《ぜん》を択《えら》びて固《かた》く之《これ》を執《と》る者《もの》なり」は、誠を回復しようと努める人の立場です。ここでいう「善を選択し、それをしっかりと守る（善《ぜん》を択《えら》び固《かた》く之《これ》を執《と》る」」は前段の「善《ぜん》を明《あき》らかにし、身《み》を誠《まこと》にする」とつながっています。つまり、知《ち》（認識力）によって「善《ぜん》を択《えら》び」、それによって「善《ぜん》を明《あき》らかに」でき、また仁《じん》（実践力）によって「（善を）固《かた》く執《と》り」、それによって「身《み》を誠《まこと》にする」ことができるという関係です。さらに『大学』との関連で言えば、「善を択び」「善を明らかにする」は八条目《はちじょうもく》の「格物《かくぶつ》・致知《ちち》」に当たり、「（善を）固く執り」「身を誠にする」は八条目の「誠意《せいい》・正心《せいしん》・修身《しゅうしん》」に当たります。

前段の「下位《かい》に在《あ》りて」からこの段の前半「人《ひと》の道《みち》なり」までは、ほぼ同じ文章が『孟子《もうし》』離婁《りろう》上篇に見えます。一部引用します。「誠《まこと》は天《てん》の道《みち》なり。誠《まこと》を思《おも》うは人《ひと》の道《みち》なり。至誠《しせい》にして動《うご》かざる者《もの》は、未《いま》だ之《こ》れ有《あ》らざるなり。誠《まこと》ならずして、未《いま》だ能《よ》く動《うご》かす者《もの》は有《あ》らざるなり。」『孟子』と『中庸』との思想的なつながりの深さがわかりますね。なお、「至誠にして動かざる者は、未だ之れ有らざるなり」は、吉田松陰《よしだしょういん》の座右の銘として知られています。

誠に至るための修養方法

博《ひろ》く之《これ》を学《まな》び、審《つまび》らかに之《これ》を問《と》い、慎《つつし》んで之《これ》を思《おも》い、明《あき》らかに之《これ》を弁《べん》じ、篤《あつ》く之《これ》を行《おこな》う。

学《まな》ばざること有《あ》り。之《これ》を学《まな》んで能《よ》くせざれば措《お》かざるなり。問《と》わざること有《あ》り。之《これ》を問《と》いて知《し》らざれば措《お》かざるなり。思《おも》わざること有《あ》り。之《これ》を思《おも》いて得《え》ざれば措《お》かざるなり。弁《べん》ぜざること有《あ》り。之《これ》を弁《べん》じて明《あき》らかならざれば措《お》かざるなり。行《おこな》わざること有《あ》り。之《これ》を行《おこな》いて篤《あつ》からざれば措《お》かざるなり。人一《ひとひと》たびして之《これ》を能《よ》くすれば己《おのれ》之《これ》を百《ひゃく》たびす。人十《ひとと》たびして之《これ》を能《よ》くすれば己《おのれ》之《これ》を千《せん》たびす。

果《は》たして此《こ》の道《みち》を能《よ》くすれば、愚《ぐ》なりと雖《いえど》も必《かなら》ず明《めい》に、柔《じゅう》なりと雖《いえど》も必《かなら》ず強《きょう》なり。

◆博学レ之、審問レ之、慎思レ之、明弁レ之、篤行レ之。有レ弗レ学。学レ之弗レ能弗レ措也。有レ弗レ問。問レ之弗レ知弗レ措也。有レ弗レ思。思レ之弗レ得弗レ措也。有レ弗レ弁。弁レ之弗レ明弗レ措也。有レ弗レ行。行レ之弗レ篤弗レ措也。人一能レ之己百レ之。人十能レ之己千レ之。果能二此道一矣、雖レ愚必明、雖レ柔必強。

〔誠《まこと》であろうとする者は修養として〕広く学び、詳細に質問し、慎重に思考し、明確に分別し、周到に行うのである。

〔必要がなければ〕学ばないこともあろう。〔しかし学ぶからには〕学んでできないことがあるうちは投げ出さない。問わないこともあろう。〔しかし問うからには〕問うてわからないことがあるうちは投げ出さない。考えないこともあろう。〔しかし考えるからには〕考えて得心《とくしん》しないうちは投げ出さない。分別《ふんべつ》しないこともあろう。〔しかし分別するからには〕分別して明らかにならないうちは投げ出さない。行《おこな》わないこともあろう。〔しかし行うからには〕行《おこな》って行《ゆ》き届《とど》かないうちは投げ出さない。他人が一度でできるならば、自分はそれを百度する。他人が十度でできるならば、自分はそれを千度する。

ほんとうにこの方法を行うことができたならば、〔生まれもった気質が〕愚かな者も〔学び・問い・考え・分別することによって〕必ず〔善なる本性《ほんせい》を発揮して〕善に明らかな知者となり、また〔生まれもった気質の〕軟弱な者も〔篤《あつ》く行うことによって〕必ず〔善なる本性を発揮して〕善を守って怠らない強者となれるのである。

❖❖❖❖

ここに説くのは「之《これ》を誠《まこと》にする者《もの》」、すなわち誠であろうと努める「人の道」の立場です。前段に誠に至るための方法として「善を選択して、しっかりそれを守る〔善《ぜん》を択《えら》びて固《かた》く之《これ》を執《と》る〕」とありましたが、ここでは、それを具体的に細かく分けて、「博《ひろ》く之《これ》を学《まな》び、審《つまび》らかに之《これ》を問《と》い、慎《つつし》んで之《これ》を思《おも》い、明らかに之《これ》を弁《べん》じ、篤《あつ》く之《これ》を行う」と述べています。このうち、前の四つ「博く学ぶ」「審らかに問う」「慎んで思う〔考える〕」「明らかに弁ず〔分別する〕」は「善を択《えら》ぶ」の修養方法で、先の三知《さんち》の「学んで知る」に当たる知《ち》〔認識力〕のはたらきです。いっぽう、最後の一つ「篤く行う」は

「固く之を執る」の修養方法で、三行《さんこう》の「利して行う（利益を知って行う）」に当たる仁《じん》（実践力）のはたらきです。

この「学ぶ」「問う」「思う」「弁ず」「行う」の五つの行為全体が学問です。孔子《こうし》は、どれも途中で投げ出さず、強い意志でやり遂げようと説きます。「人一《ひとひと》たびして之《これ》を能《よ》くすれば己《おのれ》之《これ》を百《ひやく》たびす。人十《ひとと》たびして之《これ》を能《よ》くすれば己《おのれ》之《これ》を千《せん》たびす」は、目立たず地道な中庸の道のもつ凄《すご》み、真の強さを感じさせる言葉です。これは前でみた三知・三行でいえば「困《くる》しんで知る」「勉強して行う」に当たる勇《ゆう》（意志力）のはたらきです。

こうして知・仁・勇の三達徳を十分に発揮すれば、愚者も明知《めいち》の人となり、軟弱者も真の強者となれるのです。図式化すれば次の通りです。

学問｛
博学・審問・慎思・明弁→愚必明＝善を択ぶ＝学んで知る（知）
篤行＝＝＝＝＝＝＝＝→柔必強＝固く執る＝利して行う（仁）
人一己百、人十己千＝＝＝＝＝＝＝＝＝＝＝困しんで知る／勉強して行う（勇）

■コラム10　日本人の心性に合った「誠」

中国思想史家の武内義雄《たけうちよしお》（一八八六〜一九六六）は「日本の儒教《じゅきょう》」（『易《えき》と中庸《ちゅうよう》の研究《けんきゅう》』岩波書店、一九四三年）という論文で日本人の誠について次のように述べています。「日本儒教の精神は、中庸に本づくもので、誠《まこと》の一字に帰するのである。しかしこの誠は中庸によって輸入された外来思想ではなく、誠が日本固有の道徳理想であったため、数ある儒教の経典の中から特に誠を力説する中庸が尊重されるに至ったものであろう。」日本儒教の特色とその基礎にある日本古来の道徳性とが「誠」にあるというのです。確かに現代日本においても誠は尊重される徳目です。「誠」「誠実」「至誠」を校訓や社訓に採用する例が少なくないことからもそれがうかがえます。誠は「和」とならんで日本人の精神性にかなった徳目といえそうです。

日本古来の道徳や宗教では清く澄んだ心が大切にされました。『古事記《こじき》』『日本《にほん》書紀《しょき》』には「心之清明」「赤心」「明心」など清らかに澄んだ真心《まごころ》を指す言葉が見え、『続日本紀《しょくにほんぎ》』ではそれが誠と結びついて「明《あか》く浄《きよ》く直《なお》き誠《まこと》の心《こころ》」（文武天皇元年）とあります。純粋で正直な誠実さが大切にされたわけです。現代の神道でも「明き清きまことを以て祭祀《さいし》にいそしむこと」（神社本庁「敬神生活の綱領」）が活動理念とされています。

江戸時代になると『大学』『中庸』など四書を中心とする儒学（朱子学《しゅしがく》・陽明学《ようめいがく》）が広まります。その一方で、日本独自の学派も生まれました。朱子らの解釈に頼らず経典から直接に古代の孔子・孟子の真意に迫ろうとするもので、古学派と呼ばれます。山鹿素行《やまがそこう》・伊藤仁斎《いとうじんさい》・荻生徂徠《おぎゅうそらい》がその代表です。ここで素行と仁斎の発言を見てみましょう。

兵法家として武士道を唱え、現実にどう行動するかを重視した山鹿素行（一六二二～一六八五）は、「誠とは抑えがたい純粋な感情であって、聖人の教えもこの誠に他ならない（已《や》むことを得《え》ざる、これを誠《まこと》と謂《い》う。（中略）聖教《せいきょう》未《いま》だ嘗《かつ》て誠《まこと》を以《もっ》てせずんばあらず）」（『聖教要録《せいきょうようろく》』）と述べています。

また、京都の町人学者で愛情にもとづく実践道徳を説いた伊藤仁斎（一六二七～一七〇五）は、誠についてこう述べています。「聖人の道は誠のみ」「苟《いやしく》も誠《まこと》の尽《つ》くし難《がた》きことを知《し》るときは、則《すなわ》ち必ず忠信《ちゅうしん》を以《もっ》て主《しゅ》と為《な》さざること能《あた》わず」

（『語孟字義《ごもうじぎ》』）。聖人の教えは誠に他ならないが、もし誠の実践が難しいなら、身近な忠信（真心・思いやり）を大切にせよというのです。仁斎にとって誠は忠信とともに大切な徳だったのです。そして仁斎ののち、懐徳堂《かいとくどう》学派が『中庸』のテキスト問題を解決して誠の思想を展開しました（コラム7参照）。

時代は下って江戸末期、新撰組《しんせんぐみ》の隊旗にも「誠」とあるように、幕末は誠の思想が頂点に達した時代でした。尊王攘夷《そんのうじょうい》を唱えて志士たちに影響を与えた吉田松陰《よしだしょういん》（一八三〇～一八五九）は、藩主に提出した意見書「将及私言《しょうきゅうしげん》」にこう述べています。「誠《まこと》の一字《いちじ》、中庸《ちゅうよう》もっとも明《あき》らかに之《これ》を洗発《せんはつ》す。謹《つつ》しんで其《そ》の説《せつ》を考《かんが》うるに、三大義《さんだいぎ》あり。一《いつ》に曰《いわ》く実《じつ》（実行）なり。二《に》に曰《いわ》く一《いつ》（専一・集中）なり。三《さん》に曰《いわ》く久《きゅう》（持久・持続）なり」。激動の時代らしく、国防問題の一環として『中庸』の誠を実践的に説いています。

このように誠は日本人の重んじてきた美徳ですが、その反面で危険もはらんでいます。日本倫理思想史の研究者・相良亨《さがらとおる》は、「いかなる行為も『誠実』である限り許される」といった理性・論理を欠く独りよがりな精神性は克服されるべきではないか、と問題提起しています（『誠実と日本人』ぺりかん社、一九八〇年）。

日本人にとって「誠」「誠実」は絶対的ともいえる倫理規範だけに心すべき警告だと思います。

5　子思の説く誠――第二十一章～第三十二章

第二十章は一章全体が孔子の政治論で、その終盤で「天道《てんどう》」と「人道《じんどう》」とを貫く根本原理である「誠」の思想が説かれました。第二十一章は、それを受けた子思による説明で、誠における「天道」「人道」の区別を簡明に述べています。つづく第二十二章から第三十二章までは、子思が第二十一章の意味を基調として、ときに「天道」、ときに「人道」と焦点を変えながら説明していきます。人が誠に到達し、他者や天地自然に働きかけ、自然も人も本来の性質を遺憾《いかん》なく発揮するさまが章を逐《お》って述べられます。そして、第三十二章で万物を生み育てる天地自然と一体となるにいたった至誠の聖人の究極の立場を謳《うた》いあげ、『中庸』のクライマックスとなります。

誠なるよりして明らか、明らかなるよりして誠（第二十一章）

誠《まこと》なるよりして明《あき》らかなる之《これ》を性《せい》と謂《い》う。明《あき》らかなるよりして誠《まこと》なる之《これ》を教《おし》えと謂《い》う。誠《まこと》なれば則《すなわ》ち明《あき》らかなり。明《あき》らかなれば則《すなわ》ち誠《まこと》なり。

◆自㆑誠明謂㆓之性㆒。自㆑明誠謂㆓之教㆒。誠則明矣。明則誠矣。

誠（本来のままにして偽りのないあり方）であることによって〔おのずと善を〕明らかに知っているのを性（天が与えた本性そのままの聖人の立場＝天道）という。〔逆に、学んで善を〕明らかに知ることによって〔その善を充実させて身を〕誠にしていくのを教え（聖人の教えに従う学ぶ者の立場＝人道）という。誠であるならば〔おのずと善を〕明らかに知っている。〔逆に、善を〕明らかに知るならば誠にいたることができる。

❖　❖　❖　❖

この章は孔子が「天の道」「人の道」を説いた第二十章の内容を、子思が説明するものです。

本章は首章（第一章）の「天《てん》の命《めい》ずる之《これ》を性《せい》と謂《い》い……」と似た言葉や表現を用いています。両者の意味内容について、清《しん》の戴震《たいしん》（一七二三〜一七七七）という学者が対比してわかりやすく説明していますので（『孟子字義疏証《もうしじぎそしょう》』巻中「天道」）、その説に従ってみてみましょう。まず各章の本文を掲げます。

《首章》天《てん》の命《めい》ずる　之《これ》を性《せい》と謂《い》い（中略）道《みち》を修《おさ》むる　之《これ》を教《おし》えと謂《い》う。

（天命**之謂**性、（中略）修道**之謂**教。）

《本章》誠《まこと》なるよりして明《あきら》かなる　之《これ》を性《せい》と謂《い》う。明《あき》らかなるよりして誠《まこと》なる　之《これ》を教えと謂《い》う。（自誠明**謂之**性。自明誠**謂之**教。）

二つの文章の基本構文に注目すると、首章は「A**之謂**B（天命**之謂**性）」、本章は「A**謂之**B（自誠明**謂之**性）」というように、「之」「謂」の位置関係が逆です。首章の「A之謂B」は、AによってBを解説する、Bを中心にした言い方です。すなわち、「AということがBだ」というBのための解説、Bの定義づけです。よって首章は、「天が命じるように賦与したもの、それが性だ」「（聖人が）道を整備したもの、それが教えだ」と、「性」「教」という重要語の定義づけをしているのです。

いっぽう本章の「A謂之B」は、BによってAの内容を名づけて区別する、Aを中心にした言い方です。すなわち、「AをBと呼ぶ」「AをBとする」という名づけによるAの弁別、AにBというラベルを貼って他と区別できるようにするものです。よって本章は、「誠《まこと》なるよりして明《あき》らかなる／誠→明」と「明《あき》らかなるよりして誠《まこと》なる／明→誠」という二つの異なる立場に対し、前者には「性（天の賦与した本性そのまま）」というラベルを貼り、後者には「教（聖人の教えによる）」というラベルを貼って、二つの立場を区別して示しているわけです。

前者の「誠《まこと》なるよりして明《あき》らかなる之《これ》を性《せい》と謂《い》う」は、第二十章の「誠《まこと》は天《てん》の道《みち》なり」に対応し、天が賦与した本性そのままで誠を得ている聖人の立場・天道を表します。いっぽう後者の「明《あき》らかなるよりして誠《まこと》なる之《これ》を教《おし》えと謂《い》う」は、第二十章の「之《これ》を誠《まこと》にするは人《ひと》の道《みち》なり」に対応し、聖人の教えに従って誠に至ろうとする学者（学び修養する者）の立場・人道を表します。理想の人格者である聖人は本性そのままの誠を実現しており、結果としておのずから何が善かを知る明察力をそなえています。しかし、ほとんどの人は聖人のように完全無欠ではなく本来の誠が損なわれています。よって、聖人の教えに従って学び、何が善かを明らかに認識したうえで、善い行いに努めて誠の実現（自己の本来性の回復）を目指さねばなりません。これが学者の立場です。もとより誠を得ている聖人と、明（善の認識）から出発して努力して誠に至る学者と、両者は立場に大きな違いがあります。しかし、学者も学問に励み実践に努めて修養を怠らなければ、聖人と同じ境地に到達できるのです。「聖人《せいじん》学《まな》んで至《いた》るべし」という朱子《しゅし》学《がく》の主張は、人のもつ無限の可能性への確信に立つ言葉です。

至誠の聖人は天地と並び立つ（第二十二章）

唯《た》だ天下《てんか》の至誠《しせい》のみ、能《よ》く其《そ》の性《せい》を尽《つ》くすと為《な》す。能《よ》く其《そ》の性《せい》を尽《つ》くせば、則《すなわ》ち能《よ》く人《ひと》の性《せい》を尽《つ》くす。能《よ》く人《ひと》の性《せい》を尽《つ》くせば、則《すなわ》ち能《よ》く物《もの》の性《せい》を尽《つ》くす。能《よ》く物《もの》の性《せい》を尽《つ》くせば、則《すなわ》ち以《もっ》て天地《てんち》の化育《かいく》を賛《たす》くべし。以《もっ》て天《てん》地《ち》の化育《かいく》を賛《たす》くべければ、則《すなわ》ち以《もっ》て天地《てんち》と参《さん》となるべし。

◆唯天下至誠、為㆔能尽㆓其性㆒。能尽㆓其性㆒、則能尽㆓人之性㆒。能尽㆓人之性㆒、則能尽二物之性一。能尽二物之性一、則可三以賛二天地之化育一。可三以賛二天地之化育一、則可下以与二天地一参上矣。

ただ誠の徳を極めた、世界にこの上なき人〔すなわち聖人《せいじん》〕だけが、〔天から与えられた〕自分の本性《ほんせい》を発揮《はっき》し尽《つ》くすことができる。自分の本性を発揮し尽くすことができれば、〔自分の本性も他人・物の本性もともに天から与えられたものなので〕他人の本性を発揮し尽くすことができる。他人の本性を発揮し尽くすことができれば、〔動物・植物など〕物の本性を発揮し尽くすことができる。物の本性を発揮し尽くすことができれば、万物《ばんぶつ》を生み育てるはたらきを手助けすることができる。万物を生み育てるはたらきを手助けできれば、〔聖人のはたらきは〕天と地と並んで三つになることができる。

❖❖❖❖

直前の第二十一章は、子思《しし》が「天道」「人道」の区別を述べた基調となる章でした。この第二十二章から第三十二章までは第二十一章の解説で、ここでは「誠《まこと》なるよりして明《あき》らか」とあった「天道」を説明しています。天道とは、真実無妄《しんじつむぼう》（ほんとうで嘘偽《うそいつわ》りがない）の天地自然の道理・摂理（天理）、および天が与えた本性《ほんせい》そのままで誠を得ている聖人《せいじん》のあり方です。

「天下《てんか》の至誠《しせい》」は、世界における誠を極めた至上の存在、つまり聖人です。この聖人だけが「天が与えた自分の本性を遺憾《いかん》なく発揮《はっき》できる（能《よ》く其の性《せい》を尽《つ》くす）」のです。そして、このような聖人であって初めて「能《よ》く人《ひと》の性《せい》を尽《つ》く」せます。

「能《よ》く人《ひと》の性《せい》を尽《つ》くす」とは、世界の人々に生まれ持った性質を発揮させることです。性は、天から与えられるものなので、聖人の性も一般の人の性も本来的には同じ善なるものです。ただ、完全無欠な聖人と違い、世の人は生まれもった気質《きしつ》の影響を免れないため、親切な人や度量の狭い人、体の強い人や弱い人など性質・能力に個人差があります。これら十人十色の個性に応じて教え導き、その性質・能力のなかにある善さを発揮させてやることが「人の性を尽くす」です。続く「物の性を尽くす」も同様で、動物や植物のもつ性質に応じて働きかけ、それぞれのもつ善さを活《い》かしてやることです。

人や物のそれぞれの善さを発揮させることのできる聖人であれば、「天・地が万物《ばんぶつ》を生み育てる偉大なはたらきを助ける（天地《てんち》の化育《かいく》を賛《たす》く）」ことができます。たとえば、天地は植物を発生させますが、人が耕し種を播《ま》き雑草を取らないと植物はうまく育ちません。天地自然のはたらきは人為が加わることで十二分な効用が得られるのです。第一章の「〔聖人が〕中和《ちゅうわ》を致《いた》せば、天地《てんち》位《くらい》し、万物《ばんぶつ》育《いく》す」と同じ意味です。

「三才《さんさい》」という言葉があります。この世界を成り立たせる三つの要素やはたらきである天・地・人を指します。天地のはたらきは偉大ですが、それを賛《たす》ける聖人も「天地《てんち》と参《さん》〔三〕となる」、天と地とともに並び立って「三才」の一翼を担う偉大な存在として称《たた》えられるのです。

人が誠を目指すには（第二十三章）

其《そ》の次《つぎ》は曲《きょく》を致《いた》す。曲《きょく》なれば能《よ》く誠有《まことあ》り。誠《まこと》あれば則《すなわ》ち形《あら》わる。形《あら》われば則《すなわ》ち著《いちじる》し。著《いちじる》しければ則《すなわ》ち明《あき》らかなり。明《あき》らかなれば則《すなわ》ち動《うご》かす。動《うご》かせば則《すなわ》ち変《へん》ず。変《へん》ずれば則《すなわ》ち化《か》す。唯《た》だ天下《てんか》の至誠《しせい》のみ能《よ》く化《か》することを為《な》す。

◆其次致レ曲。曲能有レ誠。誠則形。形則著。著則明。明則動。動則変。変則化。唯天下至誠為ニ能化一。

〔天下の至誠（聖人）は本性《ほんせい》をすっかり発揮できるが〕それに次ぐ〔修養を必要とする賢者《けんじゃ》以下の〕者は、〔事ごとに〕小さな善を一つ一つ推し極める。小さな善を一つ一つ推し極めていけば、自身を誠実にすることができる。自身を誠実にすれば、それは外面に現われる。外面に現われれば、はっきりと見えるようになる。はっきりと見えれば、輝きを放つようになる。輝きを放てば、〔他者を〕感動させる。感動させれば、〔他者の悪いところを〕改め変える。改め変えれば、〔知らず知らずのうちに他者をすっかり〕感化する。〔このように〕誠の徳を極めた、世界にこの上なき人だけが、その徳によって他者を感化できるのである。〔聖人に及ばない賢者《けんじゃ》以下の人々でも、善を極めて一身を誠実にすれば、その到達点は聖人と同じである。〕

❖　❖　❖　❖

第二十一章に「明《あき》らかなるよりして誠《まこと》」とあった人道《じんどう》を説明しています。冒頭に「其の次は」というのは、前章でみた完全無欠な聖人《せいじん》のあり方を受けて、聖人に次ぐ存在、すなわち、まだ完全ではない賢者《けんじゃ》より下の人々について述べるからです。

「曲《きょく》を致《いた》す」は、「曲」とは曲がって奥まったところの意味から「偏《かたよ》った隅《すみ》っこ」「小さな一部分」の意味、「致す」は「推し極める」の意味で、小さな善を一つ一つ着実に積み上げて完成を目指すことをいいます。聖人のようにおのずと全体に善を完成させている人とは違い、賢者以下の人々ができるのは、親には孝行を尽くし、社会や友人には信義を尽くすといった個々の局面で善を推し極めることです。そうすると自身に道徳性が蓄積されて内面が誠《まこと》で満たされてゆき、「誠《まこと》あれば則《すなわ》ち形《あら》わる」というように心の誠が外に目に見える形で現われるのです。『大学』の伝の第六章に「中《うち》に誠《まこと》なれば外《そと》に形《あら》わる」とあったのと同じ意味です。

内面の誠《まこと》が外に現われれば、外の世界への影響力が増してゆき、やがて人を感動させ、果ては他者の性質を本来の善へと変化させるに至ります。賢者以下の人でも、この段階まで達すれば、聖人と同じです。

『孟子《もうし》』に、内面の徳が外界に現われてゆくさまを段階的に示した、本章と似た一節があります。「人から好まれるのが善（善人）、善が身について誠実なのが信（信人）、善を実践して内に充実しているのが美（美人）、充実した美徳が外に光り輝くのが大（大人）、偉大な徳で人を感化させ道理と一体となっているのが聖（聖人）、常人の測り知ることのできない聖人の霊妙さが神である。（欲すべきを之《こ》れ善《ぜん》と謂《い》う。諸《これ》を己《おのれ》に有《たも》つを之《こ》れ信《しん》と謂《い》う。充実《じゅうじつ》するを之《こ》れ美《び》と謂《い》う。充実《じゅうじつ》して光輝《こうき》有《あ》るを之《こ》れ大《だい》と謂《い》う。大《だい》にして之《これ》を化《か》するを之《こ》れ聖《せい》と謂《い》い、聖《せい》にして知《し》るべからざるを之《こ》れ神《しん》と謂《い》う）」（尽心《じんしん》下篇）。最後の「神《しん》」とは、聖人のもつ霊妙《れいみょう》で不可思議《ふかしぎ》な徳・能力を形容する言葉です。次章でもまるで鬼《き》神《しん》のような聖人の能力に言い及びます。

至誠のもつ予知能力（第二十四章）

至誠《しせい》の道《みち》は、以《もつ》て前知《ぜんち》すべし。国家《こつか》将《まさ》に興《おこ》らんとすれば、必《かなら》ず禎祥《ていしよう》有《あ》り。国家《こつか》将《まさ》に亡《ほろ》びんとすれば、必《かなら》ず妖孽《ようげつ》有《あ》り。蓍亀《しき》に見《あら》われ、四体《したい》に動《うご》く。禍《か》福《ふく》将《まさ》に至《いた》らんとすれば、善《ぜん》も必《かなら》ず先《ま》ず之《これ》を知《し》り、不《ふ》善《ぜん》も必《かなら》ず先《ま》ず之《これ》を知《し》る。故《ゆえ》に至《し》誠《せい》は神《しん》の如《ごと》し。

◆至誠之道、可二以前知一。国家将レ興、必有二禎祥一。国家将レ亡、必有二妖孽一。見二乎蓍亀一、動二乎四体一。禍福将レ至、善必先知レ之、不善必先知レ之。故至誠如レ神。

誠の徳を極めた至誠の人〔すなわち聖人〕のはたらきは、ものごとを事前に察知することができる。国家が興隆しようとする時には、必ず吉兆《きっちょう》（幸《さいわ》いの兆《きざ》し）があり、国家が衰亡しようとする時には、必ず凶兆《きょうちょう》（禍《わざわ》いの兆し）がある。そして〔吉凶《きっきょう》の兆しは〕蓍《めどぎ》や亀甲《きっこう》〔を用いた占いの結果〕に表われ、人の立《た》ち居《い》振《ふ》る舞《ま》いにも表われる。〔至誠の人の明察力は私欲に曇《くも》らされていないので〕禍いや幸いがおとずれようとする時には、善いことにも必ず先だって察知し、善くないことにも必ず先だって察知する。だから誠の徳を極めた人〔が微妙な兆しを見通すはたらき〕はまるで鬼神《きしん》のようである。

天道を説明するもので、至誠の聖人のもつ「前知《ぜんち》」すなわち予知の能力について述べています。予知能力といってもオカルト的な超能力とは違います。先に「誠《まこと》なれば則《すなわ》ち明《あき》らかなり」とあったように、至誠の聖人はおのずから曇《くも》りのない明察力をそなえています。よってごく微妙な兆《きざ》しから物事の先行きを明確に見通すことができるのです。ただその聖人の予知能力は常人からすればいかにも霊妙不可思議《れいみようふかしぎ》なので、「至誠《しせい》は神《しん》の如《ごと》し」まるで鬼神《きしん》のようだと感嘆するのです。『礼記《らいき》』礼運《らいうん》篇にも「聖人のはたらきは、天と地とともに三才《さんさい》の一つとなり、鬼神と並び立ち、それによって政治を行う（聖人《せいじん》は天地《てんち》に参《さん》し、鬼神《きしん》に並《なら》び、以《もつ》て政《せい》を治《おさ》む）」とあります。

「蓍亀《しき》」とは、ともに占いに用いる道具です。「蓍」はメトギ（あるいはマドハギ）という植物で、その真っ直ぐな茎《くき》を筮竹《ぜいちく》として易占《えきうらな》いに用いました。また「亀」はカメの甲羅《こうら》を指し、亀甲《きつこう》を加熱してその表面にできた割れ目の形から占うト占《ぼくせん》に使いました。「ト《ぼく》」の字形は亀甲の割れ目の形。ボクという字音は加熱されてボクッと割れる音でしょう。国家の治乱興亡《ちらんこうぼう》の兆しはこの易占いの筮竹やト占の亀甲に表われるというのです。

誠は物の終始、誠ならざれば物無し（第二十五章）

誠《まこと》は自《おのずか》ら成《な》るなり。而《しか》して道《みち》は自《みずか》ら道《みちび》くなり。

誠《まこと》は物《もの》の終始《しゅうし》、誠《まこと》ならざれば物無《ものな》し。是《こ》の故《ゆえ》に君子《くんし》は誠《まこと》を之《こ》れ貴《とうと》しと為《な》す。

誠《まこと》は自《みずか》ら己《おのれ》を成《な》すのみに非《あら》ざるなり。物《もの》を成《な》す所以《ゆえん》なり。己《おのれ》を成《な》すは仁《じん》なり。物《もの》を成《な》すは知《ち》なり。性《せい》の徳《とく》なり。外内《がいない》を合《がっ》するの道《みち》なり。故《ゆえ》に時《とき》に之《これ》を措《お》いて宜《よろ》しきなり。

◆誠者自成也。而道自道也。

誠者物之終始、不㆑誠無㆑物。是故君子誠之為㆑貴。

誠者非㆓自成㆑己而已㆒也。所㆒㆑以成㆑物也。成㆑己仁也、成㆑物知也。性之徳也。合㆓外内㆒之道也。故時措㆑之宜也。

誠《まこと》は〔あらゆる物事《ものごと》を成り立たせる根拠だから、誠自体は何物にもよらず〕自《おの》ずと完成しているものである。いっぽう道は〔人の本性《ほんせい》にもとづく道理で、人が踏み行うべきものだから、これによって人が〕自《みずか》ら〔自分を本来の自分（誠）へと〕導くものである。

誠は〔物事の本来性として〕物事の始まりから終わりまで〔の全体〕を成り立たせるものだから、誠が無くなれば物事も無くなるのである。それゆえに君子は誠を重視するのである。

誠は自分で自分を完成させるだけではない。〔そのはたらきはおのずと他にも波及《はきゅう》して自分以外の〕物事をも完成させる根拠でもある。自分を完成させるのは〔人間らしさの徳である〕仁《じん》である。他の物事を完成させるのは〔他者に適宜《てきぎ》の処置をする〕知《ち》である。〔この仁・知はともに天から与えられた〕本性にそなわる徳である。そして〔誠は仁と知とを統一するもので〕、内〔自分〕と外〔物事〕とを分け隔てなく一つに合わせる道筋である。〔このような誠を内に獲得すれば、外の事物に現われるので〕よって、いかなる時に措置しても適切なのである。

人道について説明し、人が誠を尽くすことは、自己を完成させるだけではなく、おのずとほかの物事《ものごと》の完成にも及ぶことを述べています。

天の道としての「誠《まこと》」とは、第一章に「天《てん》の命《めい》ずる之《これ》を性《せい》と謂《い》い……」とあったように、あらゆる物事が天から与えられた本来の性質です。この誠《まこと》（本来性）は物事を成り立たせる根拠ですから、誠自体は何物の力を借りることなくおのずと完成しています。それが「誠《まこと》は自《おのずか》ら成《な》る」です。それに対して「道《みち》」は、「性《せい》に率《したが》う之《これ》を道《みち》と謂《い》う」（第一章）とあったように、性にもとづいて立ち現われる、人の踏み行うべき道筋でした。人はこの道筋を踏み行い、自《みずか》ら自分を誠へと導いて本来の自己を実現していきます。それが「道《みち》は自《みずか》ら道《みちび》く」です。

❖❖❖❖

誠は物の初めから終わりまでを貫いて物事を成り立たせる根拠ですから、誠を外《はず》れては物事は成り立ちません。誠実（＝真《ま》事《こと》・中身のある真実）が損なわれ、空事《そらごと》・虚事《そらごと》（中身のない見せかけ）が入り込めば物事がないのと同じです。それが「誠《まこと》は物《もの》の終始《しゅうし》、誠《まこと》ならざれば物無《ものな》し」です。たとえば、友達の相談相手になったとき、真心《まごころ》を欠く不誠実な態度だったなら、相談に乗ったといえるでしょうか。授業中に、居眠りをしたり上の空であったりしたなら、本当の意味で授業に出たことになりません。

こうした誠の実践は、自己の内面を完成させる仁《じん》と、外部の物事を完成させる知《ち》とのはたらきを兼ねるものです。そこで誠は「外内《がいない》を合《がっ》するの道《みち》」といわれます。そして誠が内にあれば、「発《はっ》して皆《みな》節《せつ》に中《あた》る」（第一章）とあったように、いついかなる時も節度に適《かな》った処置がとれるので、「時《とき》に之《これ》を措《お》いて宜《よろ》しきなり」というのです。

尊徳性と道問学と——徳性と知性とを養う学問（第二十七章）

大《だい》なるかな聖人《せいじん》の道《みち》。

洋洋乎《ようようこ》として、万物《ばんぶつ》を発育《はついく》し、峻《たか》きこと天《てん》に極《いた》る。

優優《ゆうゆう》として大《だい》なるかな、礼儀三百《れいぎさんびやく》、威儀《いぎ》三千《さんぜん》。

其《そ》の人《ひと》を待《ま》ちて而《しか》して後《のち》に行《おこな》わる。

故《ゆえ》に曰《いわ》く、「苟《いやしく》も至徳《しとく》ならざれば、至道《しどう》凝《な》らず」と。

故《ゆえ》に君子《くんし》は徳性《とくせい》を尊《とうと》びて問学《もんがく》に道《よ》り、広大《こうだい》を致《いた》して精微《せいび》を尽《つ》くし、高明《こうめい》を極《きわ》めて中庸《ちゅうよう》に道《よ》り、故《ふる》きを温《あたた》めて新《あたら》しきを知《し》り、厚《あつ》きを敦《あつ》くして以《もっ》て礼《れい》を崇《とうと》ぶ。

是《こ》の故《ゆえ》に上《かみ》に居《い》て驕《おご》らず、下《しも》と為《な》りて倍《そむ》かず。国《くに》に道有《みちあ》れば、其《そ》の言以《げんもっ》て興《おこ》るに足《た》り、国《くに》に道無《みちな》ければ、其《そ》の黙以《もくもっ》て容《い》るるに足《た》る。詩《し》に曰《いわ》く、「既《すで》に明《めい》にして且《か》つ哲《てつ》、以《もっ》て其《そ》の身《み》を保《たも》つ」と。其《そ》れ此《これ》を之《こ》れ謂《い》うか。

◆大哉、聖人之道。
洋洋乎、発㆓育万物㆒、峻極㆓于天㆒。

優優大哉、礼儀三百、威儀三千。

待㆓其人㆒而後行。

故曰、苟不㆓至徳㆒、至道不㆑凝焉。

故君子尊㆓徳性㆒而道㆓問学㆒、致㆓広大㆒而尽㆓精微㆒、極㆓高明㆒而道㆓中庸㆒、温㆑故而知㆑新、敦㆑厚以崇㆑礼。

是故居㆑上不㆑驕、為㆑下不㆑倍。国有㆑道、其言足㆓以興㆒、国無㆑道、其黙足㆓

以容一。詩曰、既明且哲、以保二其身一。其此之謂与。

偉大なものだなあ、聖人のはたらきは。〔そのはたらきは〕ひろびろと充《み》ち満ちて、万物《ばんぶつ》を生育させ、高きこと天の果てまで極めている。〔また、そのはたらきは〕ゆったり満ち足りて偉大なものよ、根本をなす礼儀は三百、詳細な作法《さほう》は三千。〔その端々にまでゆきとどいている。〕〔聖人のはたらきは極大・極小に及ぶけれども〕それにかなう人があってはじめて行われる。

だから、「最高の徳をそなえた人（至徳《しとく》）でなければ、〔この極大・極小におよぶ〕この上なきはたらき（至道《しどう》）は成し遂げられない」というのである。

だから君子は〔至徳を得るために〕、〔天から受けた〕道徳的な本性《ほんせい》を大切に捧《ささ》げ持ち（徳性《とくせい》を尊《とうと》び）、学問にもとづいて研究し（問学《もんがく》に道《よ》り）、〔私意に覆われずに〕広く大きな境地に達しつつ（広大《こうだい》を致《いた》し）、〔道理を分析してわずかな誤差なく〕精細さ微妙さを究《きわ》め尽くし（精微《せいび》を尽《つ》くし）、〔私欲に妨げられずに〕高く明らかな心境を極めつつも（高明《こうめい》を極《きわ》め）、〔過不及のない微妙な〕中庸を実践し（中庸《ちゅうよう》に道《よ》り）、以前に学んだことを温め直して復習しつつ（故《ふる》きを温《あたた》め）、〔これまで知らなかった〕新しい知識も身につけ（新《あたら》しきを知《し》り）、〔もともとの人柄の〕厚さにさらに厚みを加えつつ（厚《あつ》きを敦《あつ》くし）、〔慎みに欠ける身を慎み深くするために〕礼儀を尊んで探究する（礼《れい》を崇《とうと》ぶ）。

こういうわけで〔君子は〕上位にあっても〔下位の者に〕驕《おご》り侮《あなど》らず、下位にあっても〔上位の者に〕背《そむ》かない。国に道義が行われていれば、身を立てて出世できるほどの〔すばらしい〕発言をし、国に道義が行われていなければ、身を安全に保って危害を免れるように沈黙する。『詩経《しきょう》』（大雅《たいが》・烝民篇《じょうみん》）に言う、「道理に明らかで且《か》つ物事の機微を察し、そうしてその身を安らかに保つ」と。これは、このこと〔すなわち、至徳をそなえた聖人のあり方〕を言っているのであろうなあ。

❖　❖　❖　❖

人道について説明するもので、極大から極小にいたる聖人の道（はたらき）の偉大さを称《たた》え、君子《くんし》がその道を実践するためには、「徳性《とくせい》を尊《とうと》ぶ（尊徳性《そんとくせい》）」「問学《もんがく》に道《よ》る（道《どう》問学《もんがく》）」の方法によって至徳を身に着け、聖人を目指さなければならないと述べます。

第十二章に「君子《くんし》の道《みち》は費《ひ》にして隠《いん》」とありました。感覚ではとらえられない道の本体（隠）に対して、道の現象・はたらき（費）は広く果てしなく、細々とした日常生活のレベルから天地の果てにまで行きわたっているものでした。本章にいう聖人の道もまさにこれで、大きなものでは三才《さんさい》の一翼を担って天地を賛《たす》ける壮大な作用から、小さなものでは人の道を整備して定めた「礼儀三百、威儀三千」という日常のルール・マナーの細部にまで及びます。冒頭の「大《だい》なるかな聖人《せいじん》の道《みち》」とは、この広大から精微に行きわたる聖人の道を称賛した言葉です。

この聖人の偉大なはたらきは、当然ながら誰にでもできることではなく、「それにふさわしい人があってこそ実行される（其《そ》の人《ひと》を待《ま》ちて而《しか》して後《のち》に行《おこな》わる）」ものです。だから「苟《いやしく》も至徳《しとく》ならざれば、至道《しどう》凝《な》らず」として、「至徳」つまり最高の徳をそなえた人でなければ極大から極小におよぶ「至道」は成し遂げられないというのです。

よって人は聖人を目指して修養する必要があります。「君子《くんし》は徳性《とくせい》を尊《とうと》びて問学《もんがく》に道《よ》り……」以下の五句は聖人となるための修養方法で、初めの一句「徳性《とくせい》を尊《とうと》ぶ」「問学《もんがく》に道《よ》る」がその要点です。「尊徳性（徳性《とくせい》を尊《とうと》ぶ）」とは、天から与えられた本性《ほんせい》を保持して私意私欲をなくし、広大で高明な徳を発揮する修養、「道問学（問学《もんがく》に道《よ》る）」とは、事物にそなわった道理を窮《きわ》め尽くして慎重に分析し、精細で微妙な知を推し極める修養です。

『大学』の伝の第五章で触れたように、朱子学では「居敬《きょけい》（敬《けい》に居《お》る）」（精神集中による道徳性の養成）と「窮理《きゅうり》（理《り》を窮《きわ》める）」（物事の道理の学問的な探究）とが学問を進める方法の二本柱とされますが、「居敬」は「尊徳性」に、「窮理」（あるいは格物致知）は「道問学」に相当します。つづく四句は一句のなかに、広大高明な「尊徳性」と精細微妙な「道問学」との両面を併せもっていて、二つの修養方法が互いに補いあう形で取り組まれるべきことを示しています。それらの関係を図式で示すと次のようになります。

尊徳性―致広大―極高明―温故―敦厚……居敬
道問学―尽精微―道中庸―知新―崇礼……窮理

孔子の尭・舜・文王・武王の継承・顕彰（第三十章）

仲尼《ちゅうじ》は尭舜《ぎょうしゅん》を祖述《そじゅつ》し、文武《ぶんぶ》を憲章《けんしょう》す。上《かみ》は天時《てんじ》に律《のっと》り、下《しも》は水土《すいど》に襲《よ》る。辟《たと》えば天地《てんち》の持載《じさい》せざること無《な》く、覆幬《ふくとう》せざること無《な》きが如《ごと》し。辟《たと》えば四時《しいじ》の錯《たが》いに行《おこな》わるるが如《ごと》く、日月《じつげつ》の代《かわ》るがわる明《あき》らかなるが如《ごと》し。万物《ばんぶつ》並《なら》び育《いく》して相害《あいそこな》わず、道《みち》並《なら》び行《おこな》われて相悖《あいもと》らず。小徳《しょうとく》は川流《せんりゅう》し、大《だい》徳《とく》は敦化《とんか》す。此《こ》れ天地《てんち》の大《おお》いなりと為《な》す所以《ゆえん》なり。

◆仲尼祖二述尭舜一、憲二章文武一。上律二天時一、下襲二水土一。辟如下天地之無レ不二持載一、無上レ不二覆幬一、辟如二四時之錯行一、如二日月之代明一。万物並育而不二相害一、道並行而不二相悖一。小徳川流、大徳敦化。此天地之所二以為一レ大也。

仲尼《ちゅうじ》（孔子《こうし》の字《あざな》）は、〔遠くは〕尭《ぎょう》や舜《しゅん》〔の道〕を大本《おおもと》として受け継ぎ、〔近くは〕文王《ぶんのう》や武王《ぶおう》〔の制度〕を法《のり》として守った。〔さらに〕上は天の時（季節の運行・天道）に則《のっと》り、下は水土（山水や風土・地道）に従った。〔このように孔子の教えは尭・舜ら聖王以来の由緒をもち、天地の法則にもかなった適切なものである。〕

〔孔子の徳は〕例えば、地があらゆるものを載せて支え、天があらゆるものに覆《かぶ》い被さるようなものである。例えば、四季が互い違いに巡るような、太陽と月が代わる代わるに照らすようなものである。〔すなわち、孔子の徳は、天地のように広大で、日月《じつげつ》のように止《や》むことがない。〕

〔天と地との間に〕万物はそれぞれ生まれ育ちながら互いに害《そこ》なうことはなく、〔四季や日月の〕はたらきはそれぞれ運行しながら互いに逆らうことはない。〔個別の現象としては〕小さな徳が、〔まるで幾筋《いくすじ》もの〕川が〔川筋に沿って滔滔《とうとう》と〕流れるように〔害ない逆らうことなく活動して止まず〕、〔現象の根本においては、天地全体の〕大きな徳が、敦《あつ》く盛大にものを生み育てるのである。これが天地の

＝偉大な理由である。〔孔子の徳もまたこのように偉大である。〕

❖❖❖❖

天道を説明するもので、孔子《こうし》の教えが堯舜《ぎょうしゅん》以来の由緒《ゆいしょ》をもち、天地自然の道にも合致することを明らかにし、孔子の徳が天地と並んで偉大なことを述べます。

「仲尼《ちゅうじ》は堯舜《ぎょうしゅん》を祖述《そじゅつ》し、文武《ぶんぶ》を憲章《けんしょう》す」の「仲尼」は第二章にもみえた孔子の字《あざな》です。孔子の孫である子思《しし》が祖父を字で称しているのです。「堯舜」は、すでに孔子の時代から古典として尊ばれた『書経《しょきょう》』にも言行を記す二人の聖王。「祖述」とは、先人の教えや方法を大本《おおもと》として敬い受け継ぐことです。「文武」は、孔子が「周《しゅう》の徳《とく》は至徳《しとく》」（『論《ろん》語《ご》』泰伯《たいはく》篇）と称賛した周王朝の、その基礎を築いた文王《ぶんのう》と創設者である武王《ぶおう》。「憲章」とは、則《のっと》るべき手本として守ることです。「堯舜を祖述し、文武を憲章す」ということで、孔子の教えが孔子の独断によるものではなく、儒家が尊崇《そんすう》する堯舜をはじめとする古代の聖人から継承した由緒の正しいものであることを明らかにしています。

「小徳《しょうとく》は川流《せんりゅう》し、大徳《だいとく》は敦化《とんか》す」は、天地が万物を生み育《はぐく》むさまを述べたものです。「小徳」は天地の間に現われる万物の千差万別のありさまです。「川流《せんりゅう》し」とは、川が枝分かれした川筋に沿って滔滔《とうとう》と流れ続けるイメージによって、万物が互いに害なうことなくそれぞれの生を遂《と》げ、季節や日月《じつげつ》が互いに逆らうことなく運行する様子を譬《たと》えたものです。いっぽうの「大徳」は、千差万別のありさまの根本にある天地の徳、「敦化す」とは、万物を生み育むはたらきが遺憾《いかん》なく盛大に行われることです。言わば、「大徳は敦化す」は万物を生育して止まない源泉、その源泉から万物が流れ出て大いなる調和の世界を繰り広げるのが「小徳は川流す」です。

天下の至聖の徳の広がり（第三十一章）

唯《た》だ天下《てんか》の至聖《しせい》のみ、能《よ》く聡明睿知《そうめいえいち》にして、以《もつ》て臨《のぞ》む有《あ》るに足《た》り、寛裕《かんゆう》温柔《おんじゆう》にして、以《もつ》て容《い》るる有《あ》るに足《た》り、発強剛毅《はつきようごうき》にして、以《もつ》て執《と》る有《あ》るに足《た》り、斉荘中正《せいそうちゆうせい》にして、以《もつ》て敬《けい》する有《あ》るに足《た》り、文理《ぶんり》密察《みつさつ》にして、以《もつ》て別《わか》つ有《あ》るに足《た》ると為《な》す。

溥博淵泉《ふはくえんせん》にして、時《とき》に之《これ》を出《い》だす。溥博《ふはく》は天《てん》の如《ごと》く、淵泉《えんせん》は淵《ふち》の如《ごと》し。見《あら》われて民《たみ》敬《けい》せざるは莫《な》く、言《い》いて民《たみ》信《しん》ぜざるは莫《な》く、行《おこな》いて民《たみ》説《よろこ》ばざるは莫《な》し。是《ここ》を以《もっ》て声名《せいめい》中国《ちゅうごく》に洋溢《よういつ》し、施《し》いて蛮貊《ばんぱく》に及《およ》ぶ。舟車《しゅうしゃ》の至《いた》る所《ところ》、人力《じんりょく》の通《つう》ずる所《ところ》、天《てん》の覆《おお》う所《ところ》、地《ち》の載《の》する所《ところ》、日月《じつげつ》の照《て》らす所《ところ》、霜露《そうろ》の隊《お》つる所《ところ》、凡《およ》そ血気《けっき》有《あ》る者《もの》、尊親《そんしん》せざるは莫《な》し。故《ゆえ》に天《てん》に配《はい》すと曰《い》う。

◆唯天下至聖、為下能聡明睿知、足二以有一レ臨也、寛裕温柔、足二以有一レ容也、発強剛毅、足二以有一レ執也、斉荘中正、足二以有一レ敬也、文理密察、足中以有上レ別也。

溥博淵泉、而時出レ之。

溥博如レ天、淵泉如レ淵。見而民莫レ不レ敬、言而民莫レ不レ信、行而民莫レ不レ説。

是以声名洋二溢乎中国一、施及二蛮貊一。舟車所レ至、人力所レ通、天之所レ覆、地之所レ載、日月所レ照、霜露所レ隊、凡有二血気一者、莫レ不二尊親一。故曰レ配レ天。

ただ聖なる徳を極めた、世界にこの上なき人（聖人《せいじん》）だけが、耳の敏《さと》さ・目の敏《さと》さ・思慮深さ・知識の広さ（聡明睿知《そうめいえいち》）によって〔人々に〕臨むことができ、心の広さ・鷹揚《おうよう》さ・温和さ・優しさ（寛裕温柔《かんゆうおんじゅう》）〔つまり仁《じん》の徳〕によってものを受け容《い》れることができ、発奮・強さ・不屈さ・意志の固さ（発強剛毅《はっきょうごうき》）〔つまり義《ぎ》の徳〕によって〔固く善を〕守ることができ、慎《つつし》み・厳《おごそ》かさ・偏《かたよ》りなさ・正《せい》直《ちょく》さ（斉荘中正《せいそうちゅうせい》）〔つまり礼《れい》の徳〕によってものを謹み敬うことができ、文目《あやめ》があり・理にかない・緻密《ちみつ》であり・明察であること（文理密察《ぶんりみっさつ》）〔つまり知《ち》の徳〕によってものごとを分別することができる。

〔聖人がこれらの徳を心に湛《たた》えたさまは〕普《あまね》く広く（溥《ふ》博《はく》）そして静かに深く（淵泉《えんせん》）、しかるべき時にそれを外に現わす。

普く広き（溥博）さまは天のよう、静かに深き（淵泉）さまは淵《ふち》のようである。

〔この聖人の徳が外に〕現われれば民衆はみな尊敬し、〔聖人が〕言えば民衆はみな信用し、〔聖人が〕行えば民衆はみな喜んで従うのである。

こういうわけで、その名声は中国に満ち溢《あふ》れ、広がって〔四方の果ての〕夷狄《いてき》（異民族）の地にまでとどく。舟や車の行きつく所まで、人の力の達する所まで、天が覆う所、地が載せる所、太陽と月とが照らす所、霜《しも》や露の降りる所あらゆる場所において、生きとし生けるもので尊び親しまぬものはない。だから〔聖人の徳は〕天に匹敵するというのである。

❖❖❖❖

天道を説明するもので、前章の「小徳《しょうとく》は川流《せんりゅう》す」を受けています。ここでは聖人が内に蓄積した徳が外に現われ、その徳による感化が世界の果てまであまねく及ぶことを述べています。

「聡《そう》・明《めい》・睿《えい》・知《ち》」（耳の敏《さと》さ・目の敏《さと》さ・思慮の深さ・知識の博《ひろ》さ）は全体で聖人の生まれもった知的な資質《ししつ》を表わします。それに続く「寛《かん》・裕《ゆう》・温《おん》・柔《じゅう》」（心の広さ・鷹揚《おうよう》さ・温和さ・優しさ）はまとめていえば仁《じん》の徳、「発《はっ》・強《きょう》・剛《ごう》・毅《き》」（発奮・強さ・不屈さ・意志の固さ）は義《ぎ》の徳、「斉《せい》・荘《そう》・中《ちゅう》・正《せい》」（慎《つつし》み・厳《おごそ》かさ・偏《かたよ》りなさ・正直《せいちょく》さ）は礼《れい》の徳、「文《ぶん》・理《り》・密《みっ》・察《さつ》」（文目《あやめ》がある・理にかなう・緻密《ちみつ》さ・明察さ）は知《ち》の徳に当たります。

聖人はこれらの徳を「普《あまね》く広く、静かに深く」（溥博淵泉《ふはくえんせん》）心に湛《たた》えて、必要な時にこれを外に現わします。「溥博《ふはく》は天《てん》の如《ごと》く、淵泉《えんせん》は淵《ふち》の如《ごと》し」（普く広きさまは天のよう、静かに深きさまは淵のよう）とは、徳を内に湛えた聖人の気高《けだか》さ奥深さを天や淵に譬《たと》えて褒《ほ》め称《たた》えた言葉です。

天下の至誠の功績（第三十二章）

唯《た》だ天下《てんか》の至誠《しせい》のみ、能《よ》く天下《てんか》の大経《たいけい》を経綸《けいりん》し、天下《てんか》の大本《たいほん》を立《た》て、天《てん》地《ち》の化育《かいく》を知《し》ると為《な》す。夫《そ》れ焉《いずく》んぞ倚《よ》る所有《ところあ》らん。肫肫《じゆんじゆん》たり其《そ》の仁《じん》、淵淵《えんえん》たり其《そ》の淵《ふち》、浩浩《こうこう》たり其《そ》の天《てん》。苟《いやしく》も固《まこと》に聡明聖知《そうめいせいち》にして天徳《てんとく》に達《たつ》する者《もの》にあらざれば、其《そ》れ孰《たれ》か能《よ》く之《これ》を知《し》らん。

◆唯天下至誠、為下能経二綸天下之大経一、立二天下之大本一、知中天地之化育上。夫焉有レ所レ倚。

肫肫其仁、淵淵其淵、浩浩其天。

苟不下固聡明聖知達二天徳一者上、其孰能知レ之。

ただこの世界で誠の徳を極めた最高の人（天下の至誠）だけが、世界の大いなる不変の道理（天下の大経＝君臣・父子・夫婦・兄弟《けいてい》・朋友《ほうゆう》の基本的な人間関係）を〔みずから後世の模範となることで〕乱れなく調和させ、世界の大いなる根本（天下の大本＝偏りなく真っ直ぐに安定した中庸）を打ち立て、天地が万物《ばんぶつ》を生み育てるはたらきを真実に知る〔そして天地と一体となる〕ことができる。いったい他に拠《よ》り所などあろうか。〔これらはみな真実にして偽りのない誠のはたらきが自然に現われたにすぎないのである。〕

〔つまり、「天下の大経」を実践しては〕真心がこもって仁徳《じんとく》そのもの、〔「天下の大本」を打ち立てては〕静かに奥深くて淵《ふち》そのもの、〔「天地の化育」を悟っては〕広々と大きくて天《てん》そのもの、である。

もし本当に聡明かつ聖なる叡知《えいち》（聡明聖知）をそなえて天の徳と一致する者でないならば、いったい誰がこれを知りえようか。〔このような聖人の偉大な徳は、聖人でなければ知ることができないのである。〕

❖　❖　❖　❖

天道を説くもので、第三十章の「大徳《だいとく》は敦化《とんか》す」を受けています。

第二十二章からあと、天道と人道とが繰り返し取り上げられ、説明されてきましたが、それもいよいよこの章で最後となりました。ここでは、天道と一体となった聖人の究極の立場を述べています。

天下の至誠のはたらきは、「天下《てんか》の大経《たいけい》を経綸《けいりん》す」「天下《てんか》の大本《たいほん》を立《た》つ」「天地《てんち》の化育《かいく》を知《し》る」の三つの行為が柱になっています。一つずつ見ていきましょう。

まず「天下《てんか》の大経《たいけい》を経綸《けいりん》す」について、「大経」は大いなる不変の真理の意味で、ここでは第二十章でみた五達道《ごたつどう》・五倫《ごりん》（父子・君臣・夫婦・昆弟《こんてい》・朋友《ほうゆう》）を指します。「経綸」は糸の加工に関する言葉で、「経」は糸の先端をそろえて一本一本わけること、「綸」は一本一本わけた糸を撚《よ》り合わせること。つまり、糸を乱れず撚り合わせるように、五倫の人間関係をうまく秩序立てて調和させること、それが「天下の大経を経綸す」です。第一章の「和《わ》なる者《もの》は、天下《てんか》の達道《たつどう》なり（和は世界に通用する人の道だ）」という理念の実践といえます。

次に「天下《てんか》の大本《たいほん》を立《た》つ」について、第一章に「中《ちゅう》なる者《もの》は、天下《てんか》の大本《たいほん》なり（中は世界の大いなる根本）」とあり、「中」とは喜怒哀楽の未《いま》だ発しない、偏りなく真っ直ぐに安定した様子でした。この「中」を世界の根本として打ち立てるのが「天下《てんか》の大本《たいほん》を立《た》つ」です。中正のニュートラルな立場を根本にすえることで、様々な事態に対して道理にかなった対応がとれるのです。これも「中《ちゅう》なる者《もの》は、天下《てんか》の大本《たいほん》なり」という理念の実践といえます。

最後に「天地《てんち》の化育《かいく》を知《し》る」について、第二十二章に「天地《てんち》の化育《かいく》を賛《たす》く（万物を生み育てるはたらきを手助けする）」とありました。「知る」と「賛く」との違いについて、朱子は、「知る」とは天地の化育において黙契《もっけい》する（暗黙のうちに意志が通じ合う）ことと解釈しています。天地の化育を真実に深く知る、天地と一体となった境地でしょう。

なお、これも第一章の「中和《ちゅうわ》を致《いた》せば、天地《てんち》位《くらい》し、万物《ばんぶつ》育《いく》す」と関連します。「肫肫《じゅんじゅん》たり其《そ》の仁《じん》、淵淵《えんえん》たり其《そ》の淵《ふち》、浩浩《こうこう》たり其《そ》の天《てん》（肫肫其仁、淵淵其淵、浩浩其天）」は、上に記した三つの行為に関して聖人を称《たた》えています。各句を四言《しごん》（四字）にそろえ、畳字《じょうじ》（同音の字の連続）を用い、句末の仁《じん》・淵《えん》・天《てん》で韻《いん》（古代の韻）を踏んだ詩的な賛辞です。「肫肫《じゅんじゅん》たり其の仁（真心がこもって仁徳そのもの）」は「天下の大経を経綸す（人間関係の調和）」に、「淵淵《えんえん》たり其《そ》の淵《ふち》（静かに奥深く淵そのもの）」は「天下の大本を立つ（中正な根本の確立）」に、「浩浩《こうこう》たり其《そ》の天《てん》（広々と大きくて天そのもの）」は「天地の化育を知る（天地との一体化）」に、それぞれ対応します。前章の「溥《ふ》博《はく》は天の如《ごと》く、淵泉《えんせん》は淵《ふち》の如《ごと》し（普く広きさまは天のよう、静かに深きさまは淵のよう）」を意識した表現ですが、前章では「天の如く、……淵の如し」と比喩を用いたのに対し、ここでは聖人の徳を「其の淵（淵そのもの）」「其の天（天そのもの）」と直接的に称《たた》えています。「天徳《てんとく》に達《たつ》する者《もの》」というとおり、聖人の徳と天の徳とは一体なのです。

6　結び――『詩経』の言葉とともに――第三十三章

『中庸』の冒頭で、朱子は『中庸』全体の構成を次のように述べています。「始《はじ》めは一理《いちり》を言《い》い、中《なか》は散《さん》じて万事《ばんじ》と為《な》し、末《すえ》は復《ま》た合《がっ》して一理《いちり》と為《な》す。」これまでに見てきたように、始めの一理とは「天《てん》の命《めい》ずる之《これ》を性《せい》と謂《い》う」、中の万事とは途中に取り上げられた「中庸《ちゅうよう》」「鬼神《きしん》」「五達道《ごたつどう》」「三達徳《さんたつとく》」「九経《きゅうけい》」「費隠《ひいん》」などのことがらを指します。そして、最後に再び還《かえ》り着く「一理」、それがこの第三十三章で述べられます。

天道と一体となった至誠の聖人《せいじん》の徳を高らかに称《たた》えた前章は、『中庸』のクライマックスでした。これを受けた本章は、再びスタート地点に立ち戻り、一から聖人の徳にいたる修養の過程をたどります。この章は『中庸』の作者子思《しし》が学ぶ者のために設けてくれたいわば総復習です。これまでの内容を振り返りながら読んでください。

自分のためにする学問

詩《し》に曰《いわ》く、「錦《にしき》を衣《き》て絅《けい》を尚《くわ》う」と。其《そ》の文《ぶん》の著《あら》わるるを悪《にく》むなり。故《ゆえ》に君子《くんし》の道《みち》は、闇然《あんぜん》として日《ひ》に章《あき》らかに、小人《しょうじん》の道《みち》は、的然《てきぜん》として日《ひ》に亡《ほろ》ぶ。君子《くんし》の道《みち》は、淡《たん》にして厭《いと》わず、簡《かん》にして文《ぶん》、温《おん》にして理《り》あり。遠《とお》きの近《ちか》きを知《し》り、風《ふう》の自《よ》るを知《し》り、微《び》の顕《あき》らかなるを知《し》れば、与《とも》に徳《とく》に入《い》るべし。

◆詩曰、衣レ錦尚レ絅。悪ニ其文之著一也。故君子之道、闇然而日章、小人之道、的然而日亡。君子之道、淡而不レ厭、簡而文、温而理。知ニ遠之近一、知ニ風之自一、知ニ微之顕一、可ニ与入レ徳矣。

『詩経《しきょう》』（衛風《えいふう》・碩人《せきじん》篇／鄭風《ていふう》・丰《ほう》篇）に言う、「錦《にしき》の衣《ころも》を着た上にさらに薄衣《うすぎぬ》

（透かし織りの上着）を羽織る」と。これは錦の文模様《あやもよう》があらわになるのを嫌ってのことである。だから君子《くんし》（立派な人）の道（あり方）は、〔自身の徳を高めるために学ぶので〕ほのかに目立たぬようにしても日に日に明らかになり、小人（つまらぬ人）の道は、〔ただ人に知られるために学ぶので〕はっきり目だっても日に日に消えていく。君子の道は、薄味ながら飽きられず、地味ながら美しい文模様があり、温和ながら筋道を通す。〔そしてさらに〕遠く〔の物事の原因〕が近く〔すなわち自分〕にあることを知り、外見（風＝風貌《ふうぼう》・風格・風采《ふうさい》など）が〔内なる心に〕由《よ》って来《く》ることを知り、〔心の内にある〕微《かす》かなことほど〔外に現われて〕顕《あき》らかになることを知れば、〔内なる心を修める心得《こころえ》がわかり、聖人の〕徳に進み入ることができる。

❖ ❖ ❖ ❖

そもそも何のために学ぶのか、『論語《ろんご》』に次のような言葉があります。「先生（孔子）がおっしゃった、昔の学ぶ者は自己修養のために学んだ。今の学ぶ者は人に知られるために学ぶと（子《し》曰《いわ》く、古《いにしえ》の学者《がくしゃ》は己《おのれ》の為《ため》にし、今《いま》の学者《がくしゃ》は人《ひと》の為《ため》にすと）」（憲問《けんもん》篇）。君《くん》子《し》は自分を高めるために学びます。淡々と、地道に、穏やかに進めて、人からの評価を求めません。しかし、内面に蓄えられた美徳はおのずと外部に輝きを発するのです。第二十三章にも「〔内に〕誠《まこと》あれば則《すなわ》ち〔外に〕形《あら》わる」とありました。これと反対なのが独《ひと》り善《よ》がりなスタンドプレイで自滅する小人《しょうじん》のあり方です。

「遠《とお》きの近《ちか》きを知《し》る」「風《ふう》の自《よ》るを知る」「微《び》の顕《あき》らかなるを知る」はいずれも、学問・修養は自分を高めるためにあるのだという教訓です。「〔学びは〕己《おのれ》の為《ため》」という自覚、これが聖人の徳へと進んでゆく出発点です。

「錦《にしき》を衣《き》て絅《けい》を尚《くわ》う（衣錦尚絅）」は、『詩経《しきょう》』衛風《えいふう》・碩人《せきじん》篇および鄭風《ていふう》・丰《ほう》篇に見えますが、ここは文字が異なり、「錦《にしき》を衣《き》て褧衣《けいい》す（衣錦褧衣）」となっています。「褧」も「絅」と同じく、下の着物の模様が透《す》けて見える透かし織りの上着です。もとの詩は美人の姿や嫁入り道具を詠《よ》んだ一節で、この段にいうような内面の美徳を覆うという意味はありません。いわゆる断章取義《だんしょうしゅぎ》（63頁参照）です。

慎独《しんどく》

詩《し》に云《いわ》く、「潜《ひそ》みて伏《ふ》すと雖《いえど》も、亦《ま》た孔《はなは》だ之《こ》れ昭《あき》らかなり」と。故《ゆえ》に君《くん》子《し》は内《うち》に省《かえり》みて疚《やま》しからず、志《こころざし》に悪《にく》むこと無《な》し。君子《くんし》の及《およ》ぶべからざる所《ところ》の者《もの》は、其《そ》れ唯《た》だ人《ひと》の見《み》ざる所《ところ》か。

◆詩云、潜雖レ伏矣、亦孔之昭。故君子内省不レ疚、無レ悪二於志一。君子之所レ不レ可レ及者、其唯人之所レ不レ見乎。

『詩経《しきょう》』（小雅《しょうが》・正月篇《せいげつ》）に言う、「潜み隠れていても、とても明らか〔ですぐ見つかる〕」と。だから君子は内に省みてやましいことがなく、心に羞《は》じ悪《にく》むことが無い。ふつうの人が君子に及びもつかないことは、ただ人が見ていないところ〔つまり自分だけが知っている独《ひと》りのところを慎《つつし》むこと（慎独《しんどく》）〕であろうなあ。

❖❖❖❖

前段の出発点から進んで、以下は徳を治める方法について述べていきます。この段は

第一章にみえた「独《ひと》りを慎《つつ》しむ（慎独《しんどく》）」の修養です。「潜《ひそ》みて伏《ふ》すと雖《いえど》も、亦《ま》た孔《はなは》だ之《こ》れ昭《あき》らかなり」は、『詩経』小雅《しょうが》・正月《せいげつ》篇に「魚《うお》沼《ぬま》に在《あ》り、亦《ま》た克《よ》く楽《たの》しむに匪《あら》ず。伏《ふ》すと雖《いえど》も、亦《ま》た孔《はなは》だ之《こ》れ炤《あき》らかなり」と見えます。沼の魚が水中に潜んでいても人に見つけられやすいという意味で、第一章の「隠れた暗いところほどハッキリしたものはなく、微《かす》かなことほど明らかなものはない（隠《かく》れたるより見《あら》わるるは莫《な》く、微《かす》かなるより顕《あき》らかなるは莫《な》し）」の意味が託されました。ここから、慎独の必要が導き出されます。君子《くんし》と凡人《ぼんじん》との分かれ目は、人の見ていない独りのところを慎めるかどうかにかかっています。

なお、「内に省みて……」は、『論語《ろんご》』の「子《し》曰《いわ》く、内《うち》に省《かえり》みて疚《やま》しからざれば、夫《そ》れ何《なに》をか憂《うれ》え何《なに》をか懼《おそ》れんと」（顔淵《がんえん》篇）を踏まえた表現です。

戒慎恐懼《かいしんきょうく》

詩《し》に云《いわ》く、「爾《なんじ》の室《しつ》に在《あ》るを相《み》るに、尚《ねが》わくは屋漏《おくろう》にも愧《は》じざれ」と。

故《ゆえ》に君子《くんし》は動《うご》かずして敬《けい》し、言《い》わずして信《しん》あり。

◆詩云、相レ在二爾室一、尚不レ愧二于屋漏一。故君子不レ動而敬、不レ言而信。

『詩経』（大雅《たいが》・抑《よく》篇）に言う、「おまえの奥座敷（室）にいるのを見るに、どうか屋漏《おくろう》（座敷の隅の薄暗い場所）にいても心に愧《は》じることがないようにしてほしい」と。だから君子《くんし》は（常日頃からみずからを戒《いまし》め恐れ慎んで）まだ行動せずとも敬い慎み、まだ発言せずとも信義をまもる。

❖❖❖❖

第一章では「慎独《しんどく》」の前に、「君子《くんし》は其《そ》の睹《み》ざる所《ところ》を戒慎《かいしん》し、其《そ》の聞《き》かざる所《ところ》を恐懼《きょうく》す（見えないものでも戒《いまし》め慎み、聞こえないものでも恐れ慎む）」という一節が置かれていました。目に見えない道理を前に「戒慎恐懼《かいしんきょうく》」して、行動を起こす前から自分を戒め慎重にすることを説くものです。

この段の『詩経《しきょう》』からの引用「爾《なんじ》の室《しつ》に在《あ》るを相《み》るに、尚《ねが》わくは屋漏《おくろう》にも愧《は》じざれ」は、家の中で最も暗い屋漏《おくろう》（奥座敷の西北隅）にじっとしていても、心に恥じることがないようにせよ、という意味です。この詩句に第一章の「戒慎恐懼《かいしんきょうく》」せよとの意味が託されました。

誠意・敬虔《けいけん》の効果

詩《し》に云《いわ》く、「奏《すす》み仮《いた》して言無《げんな》く、時《こ》れ争《あらそ》うこと有《あ》る靡《な》し」と。是《こ》の故《ゆえ》に君子《くんし》は賞《しょう》せずして民勧《たみつと》め、怒《いか》らずして民《たみ》 鈇鉞《ふえつ》よりも威《おそ》る。

◆詩曰、奏仮無レ言、時靡レ有レ争。是故君子不レ賞而民勧、不レ怒而民威二於鈇鉞一。

『詩経』（商頌《しょうしょう》・烈祖《れつそ》篇）に言う、「〔祭主《さいしゅ》が御《お》霊屋《たまや》に〕進み入り〔霊魂を〕招き降ろすとき〔祭主の誠意と敬虔《けいけん》とが満ち溢《あふ》れて〕言葉を発せずとも、〔参列者で〕争い騒ぐ者は無い」と。こういうわけで、君子が褒美を与えずとも〔感化をうけた〕民衆は努め励み、〔君子が〕怒りを示さずとも民衆は鈇鉞《ふえつ》（おの・まさかり、刑罰の道具）よりも恐れる。

❖　❖　❖　❖

「戒慎恐懼《かいしんきょうく》」「慎独《しんどく》」の修養を経た君子が、心に徳を蓄えた結果、外に対して意識した行動を取らなくても、おのずと人徳による感化が行きわたるという、自己修養の効用を述べたものです。

天下を平らかにする至誠の徳

詩《し》に云《いわ》く、「顕《あら》われざる惟《こ》れ徳《とく》、百辟《ひゃくへき》其《そ》れ之《これ》に刑《のっと》る」と。是《こ》の故《ゆえ》に君子《くんし》は篤恭《とくきょう》にして天下《てんか》平《たいら》かなり。

◆詩曰、不レ顕惟徳、百辟其刑レ之。是故君子篤恭而天下平。

『詩経』（周頌《しゅうしょう》・烈文篇《れつぶん》）に言う、「微《かす》かで奥深い徳（顕《あら》われざる徳＝至誠の徳）、諸侯《しょこう》たちはこれを模範とする」と。こういうわけで、君子は恭しく敬《つつ》しむことたいへん篤《あつ》く〔その徳が厚く深いほどよい影響が遠くに及び〕、そうして世界は平和になる。

❖❖❖❖

前段の自己修養の効用を受けて、君子の内なる徳が世の人々に感化を与えることを述べたものです。『詩経《しきよう》』からの引用「顕《あら》われざる惟《こ》れ徳《とく》、百辟《ひやくへき》其《そ》れ之《これ》に刑《のつと》る」の「顕《あら》われざる惟《こ》れ徳《とく》」（以下「顕《あら》われざる徳《とく》」といいます）とは、外からは目に見えてはっきりとらえられないけれども、心に厚く蓄えられた奥深い徳をいいます。天子のそのような徳の力は、おのずと他者へと及び、百辟《ひやくへき》（諸侯《しよこう》）が感化され、ついには広く天下に太平をもたらすのです。

至誠の徳の賛美

詩《し》に云《いわ》く、「予《われ》　明徳《めいとく》を懐《おも》う。声《こえ》と色《いろ》とを大《だい》にせず」と。

子《し》曰《いわ》く、「声色《せいしよく》の以《もつ》て民《たみ》を化《か》するに於《お》けるは、末《すえ》なり」と。

詩《し》に曰《いわ》く、「徳《とく》の輶《かる》きこと毛《け》の如《ごと》し」と。毛《け》は猶《な》お倫《たぐい》有《あ》り。「上天《じょうてん》の載《こと》は、声《こえ》も無《な》く臭《にお》いも無《な》し」とは、至《いた》れり。

◆詩云、予懐二明徳一。不レ大二声以一レ色。
子曰、声色之於二以化一レ民、末也。
詩曰、徳輶如レ毛。毛猶有レ倫。
上天之載、無レ声無レ臭、至矣。

『詩経《しきょう》』（大雅《たいが》・皇矣篇《こうい》）に言う、「（天帝が文王《ぶんのう》に告げて）我《われ》はおまえの輝かしい徳（明徳）を気にかけている。おまえは声を荒らげたり顔色を険《けわ》しくしたりしてはならぬ」と。

先生（孔子）はおっしゃった、「声や顔色によって民衆を教化するのは、末（下策）である」と。〔教化は深遠な「顕《あら》われざる徳」によるのが本道である。〕

『詩経《しきょう》』（大雅《たいが》・烝民篇《じょうみん》）に言う、「徳の軽さは毛のようだ（徳による教化は、毛を持ち上げるほど簡単だ）」と。〔「毛」は「声」「顔色」よりは微細であるが、物

体である〕毛にはまだ比較対象が有る。〔深遠な「顕われざる徳」の比喩としては適当ではない。〕

「上なる天の事（天道）は、声も無く臭いも無い」（『詩経《しきょう》』大雅《たいが》・文王篇《ぶんのう》）。〔「顕われざる徳」を言い表わすものとして、この無声無臭《むせいむしゅう》の天道《てんどう》こそ」この上ないものよ。

❖❖❖❖

前段の「顕《あら》われざる徳」を受け、この深遠な「顕《あら》われざる徳」こそが、天地自然の道《どう》理《り》・摂理《せつり》と並ぶ最高のものと称《たた》えて、『中庸』一篇を終えます。

この一段は『詩経《しきょう》』からの引用が三つ、孔子《こうし》の言葉の引用一つから成り、子思《しし》自身の言葉はわずか二言、「毛《け》は猶《な》お倫有《たぐいあ》り（毛猶有倫）」「至《いた》れり（至矣）」という寸評だけです。しかし、引用と寸評とを連ねた切り詰《つ》めた表現は、一篇の末尾を印象的かつ余韻《よいん》あるものにしています。『中庸』もこれが最後ですので、丁寧に順を追ってよんでみましょう。

「顕《あら》われざる徳《とく》」は、感覚ではとらえられないけれども、他者を心服させる深遠な徳でした。ですから『詩経』に「予《われ》明徳《めいとく》を懐《おも》う。声《こえ》と色《いろ》とを大《だい》にせず」（大雅《たいが》・皇矣篇《こうい》）とあり、孔子も「声色《せいしょく》の以《もっ》て民《たみ》を化《か》するに於《お》けるは、末《すえ》なり」と述べたのです。深遠な顕われざる徳は、声や顔つきなどの遠く及ばない、次元の異なるものです。

ところで『詩経』に、「徳《とく》の輶《かる》きこと毛《け》の如《ごと》し。民《たみ》克《よ》く之《これ》を挙《あ》ぐるもの鮮《すくな》し」（大《たい》雅《が》・烝民篇《じょうみん》）とあります。徳の実践は簡単だが実際に行える人は少ないという意味で、徳を誰もが持ち上げられる羽毛に譬《たと》えています。ただ、感覚でとらえられない深遠な顕われざる徳の比喩としては、いくら小さく軽いものとはいえ物体としての形や重さをもつ毛は適当ではありません。子思の「毛《け》は猶《な》お倫《たぐい》有《あ》り（羽毛には比較対象がある、相対的な物質だ）」というコメントは、顕われざる徳の感覚を超えた絶対性を指摘しています。

では、顕われざる徳をどう言い表わせばよいのでしょうか。──「上天《じょうてん》の載《こと》は、声《こえ》も無《な》く臭《にお》いも無《な》し」。本文には明示していませんが、これは『詩経』大雅《たいが》・文王篇《ぶんのう》の言葉で、「上天」とは天道《てんどう》（天地自然の道理・摂理）を意味します。超感覚的な顕われざる徳を譬《たと》えるものとして、「声さえ無く臭いさえない天道」以上のものはありえません。「無声無臭の天道」こそ「顕われざる徳」の至《いた》り（究極）であると称《たた》える子思の一言

「至れるかな」で『中庸』は締めくくられます。
『中庸』の構成を述べた朱子の言葉「末《すえ》は復《ま》た合《がっ》して一理《いちり》と為《な》す」の「一理」は、この「無声無臭の天道」です。

■コラム11　漱石『それから』のキーワードとなった『中庸』

夏目《なつめ》漱石《そうせき》といえば誰もが知る日本近代の文豪ですが、生まれは慶応三（一八六七）年つまり明治維新の前年の江戸でした。ですから幼少期は漢学塾に入って漢籍（漢文で書かれた書物）をたっぷりと学びました。こうした漢詩や漢文を教養の基礎にして近代文学の世界が築かれたのでした。

みなさんは漱石の『それから』という小説を読んだことがありますか。『三四郎』『門』と並んで前期三部作と呼ばれる漱石の作品ですが、実は『それから』の中で『中庸』の言葉が重要な役割を果たしています。

主人公、長井《ながい》代助《だいすけ》は数え年で三十歳になる次男坊で、大学卒業後も定職に就かず実家からの生活費でのんびり暮らしています。実業家として成功した父の得

（幼名は誠之進）、その長男（代助の兄）で父の関連会社の重役を務める誠吾、さらにその長男の誠太郎といった「誠」ずくめの男たちの中で、次男の代助は名前からして異質な存在です。

ある日、代助の学生時代の友人の平岡が関西の実業界で失敗して東京へ戻ってきます。平岡の妻三千代は、かつて代助が淡い恋心を抱いた相手でした。家計が苦しい平岡家の助けになろうと三千代と面会するうちに、代助には昔の恋心が呼び覚まされてくるのでした。

さて、次の引用は小説の序盤、代助が実家の座敷で父親からお説教をされている場面です。

「若い人がよく失敗《しくじる》といふが、全く誠実と熱心が足りないからだ。己《おれ》も多年の経験で、この年になる迄《まで》遣《や》つて来たが、どうしても此《この》二つがないと成功しないね」

「誠実と熱心があるために、却《かえっ》て遣り損ふこともあるでしょう」

「いや先《まづ》ないな」

親爺《おやぢ》の頭の上に、誠者天之道也《まことはてんのみちなり》と云ふ額《がく》が麗々《れいれい》と掛けてある。先代の旧藩主に書いて貰《もら》つたとか云つて、親爺は尤《もっと》も珍重してゐる。代助は此額《このがく》が甚《はなは》だ嫌《きら》いである。第一字が嫌《いや》だ。其上《そのうえ》文句が気に喰はない。誠は天の道なりの後《あと》へ、人の道にあらずと附《つ》け加へたい様な心持がする。

みなさんはお分かりでしょう。「誠者天之道也（誠《まこと》は天《てん》の道《みち》なり）」は『中庸』の重要な言葉で、後ろに「之《これ》を誠《まこと》にするは人《ひと》の道《みち》なり」と続きます。この「誠者天之道也」という額《がく》の文句を代助は大嫌いだといっていますが、なぜでしょう。

代助には彼独自の哲学がありました。人間はある目的をもって生まれたものではなく、生まれて初めてある目的ができてくる。だから人間の目的は、生まれた本人が、本人自身で作ったものでなければならない。よって自分の願望や欲望の遂行こそが目的であり、それは他を偽らない点でとても道徳的だ、と考えるのでした。それが代助の「人の道」だったのです。

そんな代助の目には、利己的でありながら「世のため人のため」と説く父（さらには世間の人）は愚か者か偽善者に映りました。不誠実な自分を棚《たな》に上げて古典の文句を丸呑《まるの》みし、出来合いのお題目を圧《お》しつけてくる困った存在でした。代助が「誠者天之道也」の額を嫌い、「そんなのは人の道ではない」と付け加えたかったのは、無反省に「誠実」を振り回す人々への嫌悪や個人の自由・真情への抑圧を感じたからでしょう。

ストーリーはこの後、代助が三千代に愛を告白し、平岡に三千代との関係を告げ、実家から絶縁されるという展開を見せます。三千代との誠の愛を貫いた代助は、その代償として、平岡・実家そして世間を敵に回し、「人の道に外れた人」として生きなければならないのでした。このように、『それから』のストーリー展開のなかで、『中庸』の言葉は、重要かつ印象的な伏線となっているのです。

ビギナーズ・クラシックス 中国《ちゅうごく》の古典《こてん》

大学《だいがく》・中庸《ちゅうよう》

矢羽野隆男《やはのたかお》

平成28年 2月25日 初版発行

発行者●郡司 聡

発行●株式会社KADOKAWA
〒102-8177 東京都千代田区富士見2-13-3
電話 0570-002-301（カスタマーサポート・ナビダイヤル）
受付時間 9:00 〜 17:00（土日 祝日 年末年始を除く）
http://www.kadokawa.co.jp/

角川文庫 19626

印刷所●旭印刷株式会社 製本所●株式会社ビルディング・ブックセンター

表紙画●和田三造

ISBN978-4-04-400010-3 C0198

角川文庫発刊に際して

角川源義

第二次世界大戦の敗北は、軍事力の敗北であった以上に、私たちの若い文化力の敗退であった。私たちの文化が戦争に対して如何に無力であり、単なるあだ花に過ぎなかったかを、私たちは身を以て体験し痛感した。西洋近代文化の摂取にとって、明治以後八十年の歳月は決して短かすぎたとは言えない。にもかかわらず、近代文化の伝統を確立し、自由な批判と柔軟な良識に富む文化層として自らを形成することに私たちは失敗して来た。そしてこれは、各層への文化の普及滲透を任務とする出版人の責任でもあった。

一九四五年以来、私たちは再び振出しに戻り、第一歩から踏み出すことを余儀なくされた。これは大きな不幸ではあるが、反面、これまでの混沌・未熟・歪曲の中にあった我が国の文化に秩序と確たる基礎を齎らすためには絶好の機会でもある。角川書店は、このような祖国の文化的危機にあたり、微力をも顧みず再建の礎石たるべき抱負と決意とをもって出発したが、ここに創立以来の念願を果すべく角川文庫を発刊する。これまで刊行されたあらゆる全集叢書文庫類の長所と短所とを検討し、古今東西の不朽の典籍を、良心的編集のもとに、廉価に、そして書架にふさわしい美本として、多くのひとびとに提供しようとする。しかし私たちは徒らに百科全書的な知識のジレッタントを作ることを目的とせず、あくまで祖国の文化に秩序と再建への道を示し、この文庫を角川書店の栄ある事業として、今後永久に継続発展せしめ、学芸と教養との殿堂として大成せんことを期したい。多くの読書子の愛情ある忠言と支持とによって、この希望と抱負とを完遂せしめられんことを願う。

一九四九年五月三日

角川ソフィア文庫ベストセラー

ビギナーズ・クラシックス 中国の古典
易経
三浦國雄

陽と陰の二つの記号で六四通りの配列を作る易は、「主体的に読み解き未来を予測する思索的な道具」として活用されてきた。中国三〇〇〇年の知恵『易経』をコンパクトにまとめ、訳と語釈、占例をつけた決定版。

ビギナーズ・クラシックス 中国の古典
論語
加地伸行

孔子が残した言葉には、いつの時代にも共通する「人としての生きかた」の基本理念が凝縮され、現代人にも多くの知恵と勇気を与えてくれる。はじめて中国古典にふれる人に最適。中学生から読める論語入門！

ビギナーズ・クラシックス 中国の古典
詩経・楚辞
牧角悦子

結婚して子供をたくさん産むことが最大の幸福であった古代の人々が、その喜びや悲しみをうたい、神々への祈りの歌として長く愛読してきた『詩経』と『楚辞』。中国最古の詩集を楽しむ一番やさしい入門書。

ビギナーズ・クラシックス 中国の古典
老子・荘子
野村茂夫

老荘思想は、儒教と並ぶもう一つの中国思想。「上善は水のごとし」「大器晩成」「胡蝶の夢」など、人生を豊かにする親しみやすい言葉と、ユーモアに満ちた寓話を楽しみながら、無為自然に生きる知恵を学ぶ。

ビギナーズ・クラシックス 中国の古典
春秋左氏伝
安本　博

古代魯国史『春秋』の注釈書ながら、巧みな文章で人々を魅了し続けてきた『左氏伝』。「力のみで人を治めることはできない」「一端発した言葉に責任を持つ」など、生き方の指南本としても読める！